Jean-Pierre Crittin

# Chakrakarten

## 49 Karten zur Aktivierung und Stärkung deiner Energiezentren

**Jean-Pierre Crittin** ist Dipl. Psychologe mit Spezialausbildungen u.a. in personenzentrierter Beratung und Therapie (Carl R. Rogers), Focusing, Sportpsychologie, Yogisch-Ayurvedischer Psychologie & Psychotherapie sowie Chakratherapie. Seit vielen Jahren bietet er in eigener Praxis Einzel- und Gruppenberatungen sowie Seminare und Coachings an für Personen in anspruchsvollen beruflichen und privaten Situationen. Weiterhin ist er tätig in der Rehabilitation von BurnoutpatientInnen, als Ausbilder, psychologischer Unternehmensberater sowie als Yogisch-Ayurvedischer Psychotherapeut.

Er ist Autor mehrerer Bücher und lebt mit seiner Frau in der Schweiz.

Jean-Pierre Crittin

# Chakrakarten

## 49 Karten zur Aktivierung und Stärkung deiner Energiezentren

KÖNIGSFURT URANIA

Die in diesem Buch enthaltenen Informationen und Ratschläge wurden vom Autor sorgfältig recherchiert und geprüft. Eine Garantie kann dennoch nicht übernommen werden. Die Informationen und Ratschläge sind außerdem nicht dazu gedacht, die Beratung durch einen Arzt oder Therapeuten zu ersetzen, sofern eine solche angezeigt ist. Eine Haftung des Autors oder des Verlags ist ausgeschlossen.

Bibliographische Information der Deutschen Nationalbibliothek

Die Deutsche Nationalbibliothek verzeichnet diese Publikation in der Deutschen Nationalbibliographie; detaillierte bibliographische Daten sind im Internet über http://dnb.d-nb.de abrufbar.



Königsfurt-Urania Verlag GmbH, Ringstr. 32, D-24103 Kiel
www.koenigsfurt-urania.com

Umschlag-/Boxgestaltung: www.grafikdesignhansen.de - Jan-Dirk Hansen, München, unter Verwendung von Motiven von Adobe Stock: © Kite_rin: U1

Abbildungen: Alle Bilder von Adobe Stock: © nicemyphoto: Seite 8/9; © Jairo Díaz: Seite 36/37, Booklet U4; © kentauros: Seite 38/39, Karten 1.1-1.7; © Irina: Seite 50/51, Karten 2.1-2.7; © Wn_Photography_: Seite 64/65, Karten 3.1-3.7; © Patrick Foto: Seite 80/81, Karten 4.1-4.7; © paisan191: Seite 92-93, Karten 5.1-5.7; © tomeyk: Seite 106-107, Karten 6.1-6.7; © Tobif82: Seite 124-125, Karten 7.1-7.7; © Jean-Pierre Crittin: Seite 128
Alle Grafiken/Illustrationen: © www.grafikdesignhansen.de - Jan-Dirk Hansen, München

Projektleitung und Lektorat: Susanne Kirstein, München

Satz und Layout: www.grafikdesignhansen.de - Jan-Dirk Hansen, München

Druck und Bindung: Finidr s.r.o., Tschechische Republik

Karten- und Schachtelproduktion: Spielkartenfabrik Altenburg GmbH

Printed in EU

ISBN 978-3-86826-198-1

MIX
Papier aus verantwortungsvollen Quellen
FSC® C014138
FSC
www.fsc.org

# Inhalt


**Vorwort** 6

**Chakra-Arbeit** 9

**Was sagen mir die Karten?** 37

Wurzel-Chakra *Vertrauen* 39

Sacral-Chakra *Loslassen* 51

Solarplexus-Chakra *Mut* 65

Herz-Chakra *Liebe und Dankbarkeit* 81

Hals-Chakra *Offenheit und Respekt* 93

Stirn-Chakra *Öffnung des Geistes* 107

Kronen-Chakra *Verbundenheit* 125

**Richtig meditieren** 141

# Vorwort

**Liebe Besitzerin, lieber Besitzer des Chakra-Kartensets,**

vielen Dank, dass du dich für dieses Chakra-Kartenset entschieden hast. Ich wünsche dir, dass es dir auf spielerische Weise die Geheimnisse der Chakren erlebbar macht.

Das Set besteht aus 49 Karten, d. h. zu jedem der sieben Hauptchakren gehören sieben Erkenntnis- und Übungskarten, die dich u. a. in deinem persönlichen Wachstum begleiten. Sie zeigen Aspekte der Hauptchakren in Form von Bejahungen (Affirmationen) oder Willensäußerungen (Sanskrit: samkalpas) auf. Zudem findest du auf jeder Karte eine konkrete Übung, mit der du die Willensäußerung oder die Affirmation für dich konkretisieren, erlebbar machen und vertiefen kannst.

Die Kartenzahl 49 ist bewusst entstanden, da jeweils ein Hauptchakra sieben Jahre benötigt, um seine Konstitution zu entwickeln. Da es sieben Hauptchakren gibt, die je sieben Jahre für ihre Entwicklung brauchen, ergibt sich die Zahl 49. Näheres dazu findest du in meinem Buch: »Chakren – Quellen der Kraft und Gesundheit«, ebenfalls erschienen im Königsfurt Urania-Verlag, 2022.

In diesem Begleitbüchlein findest du Erklärungen, Anleitungen und Tabellen zur Arbeit mit den Chakra-Karten. Weiterhin gebe ich zu jeder Karte eine kurze Erläuterung aus psychologischer Sicht, die dein Wissen über die Chakren vertiefen kann.

Vorweg beschreibe ich in sehr kurzer Form, was Chakren sind und wie sie wirken.

Nun wünsche ich dir viel Freude, Spaß und reiche Erkenntnisse mit dem Chakra-Kartenset.

Schmerikon, Juni 2022
*Jean-Pierre Crittin*

# Chakra-Arbeit

Auf vielfältige Art und Weise können wir, wie hier und auf den Karten beschrieben, den Chakren freundliche Aufmerksamkeit zukommen lassen, denn das unterstützt sie in ihrer Aufgabe, uns mit der so wichtigen feinstofflichen Energie zu versorgen.

# Was sind Chakren?

Chakren sind feinstoffliche Organe, die den feinstofflichen Energiehaushalt beim Menschen regeln, indem sie Energie von außen aufnehmen, diese im Geist und im grobstofflichen Körper verteilen und auch wieder nach außen abgeben.

Feinstofflich bedeutet, dass es sich um »Organe« handelt, die man weder sehen noch berühren kann, jedoch eine Realität sind, die wir am Phänomen, an den Manifestationen erkennen. Am einfachsten vergleicht man sie mit den allgemein bekannten Akupunkturpunkten, die eine ähnliche Aufgabe haben. Ganz viele Aspekte beim Menschen sind feinstofflich: Gedanken, Gefühle oder Intuition sind nur einige davon. Diese kann man auch nicht sehen oder berühren, und trotzdem sind sie Realität.

## Nutzt du dein Potenzial?

Alle Organe unseres grobstofflichen Körpers, aber auch unser Geist und die Gefühle funktionieren vorerst einmal, weil sie durch die Kalorien, die wir mit der Nahrung und den Getränken aufnehmen, energetisch versorgt werden. Energie, sagt uns die Physik, ist das Vermögen eines Körpers, Arbeit zu verrichten. Die Energie aus der Nahrung ermöglicht es unserem Körper und Geist, Arbeit zu verrichten, zu »funktionieren«, also grundsätzlich Wärme, Bewegung, Muskeltonus (Anspannung) und Ausstrahlung zu produzieren.

Die Frage dabei ist, macht unser Körper das auch optimal, also regelmäßig und seinem Potenzial entsprechend?

- Läuft unsere Verdauung reibungslos und regelmäßig?
- Schlägt das Herz rhythmisch und mit dem richtigen Druck?
- Können wir unsere Gedanken frei fließen lassen?
- Können wir uns auch gut an Gelerntes erinnern?

## Chakren – die psychosomatischen Brücken

Und hier sehen wir, dass es da oder dort durchaus mal hapert. Dies vor allem dann, wenn wir unter Druck sind. Da kommen sich – oftmals plötzlich – unsere feinstofflichen und grobstofflichen Aspekte ins Gehege: Wir verlieren bei Prüfungen und Wettkämpfen plötzlich unsere Konzentrationsfähigkeit, unser Erinnerungsvermögen und möglicherweise spielt auch gleich noch die Verdauung verrückt; der Blutdruck steigt ohnehin. Unser Magen verkrampft sich, wenn wir uns ärgern. Die Angst schnürt uns den Hals zu. Der Schreck raubt uns den Atem. Und viele weitere Phänomene sind denkbar.

Und genau da, zwischen dem grobstofflichen Körper und den feinstofflichen Anteilen des Menschen, wirken die Chakren. Sie verbinden den grobstofflichen Körper mit den feinstofflichen Anteilen. Sie bilden sozusagen die »psychosomatische Brücke«.

Die Chakren versorgen uns, wenn sie aktiv und offen sind, mit der feinstofflichen Energie, die beispielsweise verhängnisvolle gespeicherte Verbindungen und Automatismen entkräftet, damit unser differenziertes geistiges und körperliches Potenzial wirken kann.

# Offene Chakren – geschlossene Chakren

Sind die Chakren geschlossen oder sogar blockiert, funktioniert die feinstoffliche Energieversorgung schlecht oder gar nicht. Das bedeutet, dass Geist und Körper mit ihren eingespielten und altbewährten Automatismen funktionieren.

Wir sind dann im Überlebensmodus, jedoch nicht in einem qualitativ zufriedenstellenden und den Anforderungen der Situation entsprechenden Zustand. Unser Denken und unsere Handlungen sind somit nur suboptimal.

Ob die Chakren offen und aktiv oder verschlossen oder gar blockiert sind, hängt von uns selbst ab. Und von dem, was auf uns zukommt.

Setzen wir uns unter Druck oder sind wir von einer Situation überfordert, dann verschließen sich einzelne oder alle Chakren. Geht es uns gut, sind wir im Frieden und schenken wir unseren Chakren Aufmerksamkeit, öffnen sie sich und versorgen uns mit der so wichtigen feinstofflichen Energie.

## Die Konstitution der Chakren

Unsere Chakren haben, bedingt durch die Erlebnisse in unserer Entwicklung, unterschiedlich stabile Konstitutionen. Chakren mit einer stabilen Konstitution verschließen sich weniger leicht und werden weniger schnell inaktiv als Chakren mit einer schwachen Konstitution. Mehr dazu findest du auf S. 18 beim Abschnitt »Warum je sieben Karten?«.

Kurz gesagt: Offene, aktive Chakren unterstützen uns darin, unsere inneren Quellen der Situation entsprechend optimal zu nutzen. Verschlossene, inaktive Chakren veranlassen uns, mit alten, eingespielten Mustern, sogenannten Automatismen, zu handeln, welche zwar einfach und schnell sind, jedoch meist nicht den Anforderungen einer Situation entsprechen.

## Wie können Chakren aktiviert werden?

Wir können unsere Chakren öffnen und aktivieren, indem wir ihnen Zuwendung geben. Dies geschieht in einem ersten Schritt durch die Lenkung unserer Aufmerksamkeit auf die Chakren, z. B. in der Meditation.

Aber viele weitere Einflüsse können den Chakren ebenfalls guttun, denn Chakren haben eine Schwingung, die durch weitere entsprechende Schwingungen von außen aktiviert werden kann, wie beispielsweise durch Spektralfarben des Lichts, Farben, Töne, Düfte und bestimmte Steine.

Auch Körper- und Atemübungen, mentale Arbeit, Naturerfahrungen und Energiearbeit veranlassen die Chakren, sich zu öffnen und aktiv zu werden.

Die Chakra-Karten können uns auf diesem Weg – wie wir weiter unten sehen werden – auf vielfältige Weise unterstützen.

In hartnäckigen Fällen kann es nötig sein, eine Chakra-Therapie bei einer speziell ausgebildeten Fachkraft in Chakra-Therapie in Anspruch zu nehmen.

# Verwendung der Chakra-Karten

Jede Chakra-Karte enthält eine Bejahung (Affirmation) oder eine Willensäußerung (Sanskrit: samkalpa). Dies sind bedeutungsvolle Aussagen in einem kurzen Satz, die eine positive öffnende Wirkung auf das jeweilige Chakra haben, wenn wir uns mit diesem Satz auseinandersetzen.

## Öffnen der Chakren

Für die vertiefte Auseinandersetzung mit dieser Aussage enthält jede Karte auch eine kurz beschriebene Übung, die du machen kannst, um eine positive Wirkung auf das zugewiesene Chakra zu erzielen.

Zu jedem Chakra gehören sieben Karten, die aufsteigend nummeriert sind. Zum ersten Chakra, dem Wurzel-Chakra (Muladhara-Chakra), gehören die sieben Karten 1.1 bis 1.7, zum zweiten Chakra, dem Sacral-Chakra (Svadhisthana-Chakra), gehören die Karten 2.1 bis 2.7 usw.

Wenn du also beispielsweise dein erstes Chakra aktivieren möchtest, kannst du mit den Karten arbeiten, die als erstes die Zahl 1 aufweisen.

## Warum je sieben Karten?

Wir gehen von der Vorstellung aus, dass die Chakren im Verlauf eines Lebens ihre Konstitution in einem Siebenjahreszyklus entwickeln. Also entwickelt sich das erste Chakra von der Zeugung bis zum abgeschlossenen sechsten Lebensjahr (streng genommen zum 6. Geburtstag), das zweite ab dem 7. bis zum abgeschlossenen 13. Jahr usw.

Die Erklärung dafür ist einleuchtend und kann – vor allem bei Kindern – wunderbar beobachtet werden: Jedes Hauptchakra weist Eigenschaften eines der sieben Elemente Erde, Wasser, Feuer, Luft, Raum, Geist und Kosmos auf. Geist und Kosmos gehören zwar nicht zu den klassischen fünf Elementen aus vedischer Sicht, aber im Zusammenhang mit den Chakren ergibt es einen Sinn, diese ebenfalls als Elemente zu bezeichnen.
Während der Entwicklungszeit eines Chakras durchläuft ein Chakra die Eigenschaften aller sieben Elemente, jeweils für ein Jahr.

## Das Beispiel macht es klarer

Als Beispiel nehmen wir einmal das erste Chakra: Während der ersten 12 Monate, also vorgeburtlich und einige Monate nach der Geburt: Die Elemente Erde und Erde sind vorherrschend. Erde steht in den Veden (heilige Schriften des Hinduismus) für alles, was feststofflich ist. Im allerersten Lebensjahr ab der Zeugung entwickelt sich beim Menschen in erster Linie alles, was feststofflich ist, also der ganze Körper.

Im zweiten Jahr, also ab ca. drei Monaten bis über den ersten Geburtstag hinaus: Die Elemente Erde und Wasser herrschen vor. Da kommt normalerweise alles – oft im Übermaß – ins Fließen, die Bewegungen, die Nase, der Speichel, die Ausscheidungen etc.

Im dritten Jahr, also etwas nach dem ersten Geburtstag: Erde und Feuer. Da kommt jetzt Feuer rein und die kleinen Geschöpfe werden zu energiestrotzenden Bewegungskünstlern, die überall heraufklettern, alles herunter reißen – eben sehr aktiv sind.

## Das 49. Lebensjahr beendet den ersten Zyklus

Das Ganze kann in dieser Systematik jetzt weiter beobachtet werden bis zum 49. Lebensjahr. Dann ist der Zyklus abgeschlossen, aber eben nur der erste. Anschließend fängt die Entwicklung auf einer höheren Entwicklungsstufe wieder von vorne an.

Selbstverständlich läuft das nicht auf den Tag genau ab, und je älter jemand wird, desto eher kann es zu Verschiebungen kommen, und desto weniger genau lässt sich die Abfolge beobachten.

So habe ich diesen Gedanken der sieben Jahre ins Chakra-Kartenset aufgenommen und jedem Chakra daher sieben Karten zugeordnet. Daraus ergeben sich interessante Möglichkeiten, wie du die Chakra-Karten verwenden kannst.

## Die Verwendung der Chakra-Karten

Die Chakra-Karten lassen sich sehr vielseitig anwenden. Sie können dir Ideengeber sein oder motivieren, sich mit einem bestimmten Thema zu beschäftigen:

- Zur Öffnung und Stärkung der Chakren
- Für deine Selbsterkenntnis
- Für Aussagen zu körperlichen oder geistigen Symptomen
- Als Alterskarten zur Erkenntnishilfe
- Als Begleiter in den Tag oder auch in die Nacht
- Als Ausgangsidee für ein Gespräch
- Als Kursmaterial, z. B. für die Vorstellungsrunde am Anfang eines Kurses (Eisbrecher)
- Als Ideenmaterial für Ausbildende
- Als Themenmaterial für Yogastunden (Im Prinzip könnte man 49 Yogastunden nach diesen Karten aufbauen.)

## Wie ziehst du die Karten?

Es gibt verschiedene Möglichkeiten, die Karten zu ziehen oder zu bestimmen, dazu kommen wir weiter unten.

Generell gilt: Wenn du Karten ziehst, kannst du davon ausgehen, dass es kein Zufall ist, welche Karte du heute ziehst. Die Karte findet dich hier und jetzt und bringt dir eine Botschaft, die gerade in diesem Moment, aber auch ganz allgemein nützlich sein kann – selbst wenn sie auf den ersten Blick zufällig erscheint und keine einsichtige Aussage hat. Es lohnt sich, wenn du dir über den Text Gedanken machst, und wenn du sie auch mit Personen aus deinem Umfeld diskutierst.

Lasse die Karte sprechen, ihre Botschaft auf dich wirken und gehe immer davon aus, dass sie dir etwas sagen will, was wichtig sein kann.

Mit den Kartenbotschaften kannst du auch meditieren, indem du die Botschaft in der Meditation mehrfach ganz bewusst wiederholst.

## Üben mit den Karten

Auf jeder Karte findest du außerdem eine konkrete Übung, um das entsprechende Chakra zu stärken und zu öffnen. Damit du einen Effekt spüren kannst, wiederholst du am besten die Übung einige Tage lang, bevor du zu einer anderen Karte übergehst.

## Erläuterungen zu den Karten

Für jede Karte findest du in diesem Büchlein eine kurze Erläuterung zur Botschaft auf der Kartenvorderseite. Ich empfehle dir, die Erklärungen erst zu lesen, nachdem du selbst über die Botschaft der Karte nachgedacht hast, denn die Erläuterungen sind allgemein gehalten und treffen möglicherweise nicht genau auf dein Leben zu.

## Möglichkeiten des Kartenziehens

Für die Anwendung der Chakra-Karten brauchst du keine Erfahrung zu haben. Im Folgenden erfährst du, wie du mit den Karten spielerisch umgehen kannst.

***Aktualitätskarte*** Du fächerst den Stapel verdeckt auf, ziehst eine Karte und empfängst eine Botschaft für den Tag, die nächsten Tage, Wochen oder Monate.

***Persönliche Chakrakarte*** Du kennst dich schon aus mit den Chakren und vermutest oder weißt, dass eines deiner Chakren schwach oder tendenziell verschlossen ist. Du nimmst die sieben Karten des entsprechenden Chakras, fächerst diese verdeckt auf und ziehst eine Karte. Wie bei der Symptomkarte kannst du auch mit allen Karten des entsprechenden Chakras hintereinander arbeiten.

***Alterskarte*** Du ziehst die Karte anhand deines Alters; suche sie mit der Übersicht »Alterskarten« ab Seite 28 und wähle die zugehörige Karte.

***Geburtstagskarte*** Du wählst an deinem Geburtstag die Karte. Sie soll dir Aufschlüsse für dein nächstes Lebensjahr geben. Bestimme die Karte anhand der Übersicht »Alterskarten« ab Seite 28, also z. B. am 36. Geburtstag die Karte 6.2 für das bevorstehende 37. Lebensjahr.

***Entwicklungskarte*** Du nimmst die sechs Karten rund um dein Alter – die drei vor deiner Alterskarte (siehe oben unter »Alterskarte«) und die drei nach deiner Alterskarte. Nun legst du sie offen vor dich hin. Geben die Botschaften als Ganzes für deine Entwicklung einen Sinn? Wenn ja, welchen?

***Lebensfragekarte*** Ist eine der sieben Lebensfragen (siehe Übersicht »Lebensfragen« auf Seite 30) für dich im Moment ganz wichtig? Dann wähle die sieben Karten des entsprechenden Chakras, mische sie, lege sie verdeckt aus und wähle eine Karte. »Lebensfragen« sind Fragen, mit denen wir uns im Verlaufe unseres Lebens immer wieder beschäftigen müssen oder dürfen. Sie begleiten uns durch unseren Alltag und wir müssen sie in den unterschiedlichsten Situationen immer wieder neu beantworten. Mehr über die Lebensfragen findest du ab Seite 30.

***Chakrazeitkarte*** Du bestimmst anhand der Übersicht »Chakra-Entwicklung« auf Seite 32, in welchem Alterszyklus du gerade bist. Die entsprechenden Chakra-Karten können dir Hinweise geben, was dir in dieser Zeit guttut. Selbstverständlich kannst du auch für jemand anderen, z. B. für dein Kind oder Enkel, Karten wählen und Hinweise entnehmen.

***Symptomkarte*** Du hast eine Beschwerde, ein Symptom, und ordnest sie nach der Tabelle »Symptome« ab Seite 33 einem oder mehreren Chakren zu. Dann nimmst du die sieben Karten des entsprechenden Chakras, fächerst diese verdeckt auf und ziehst eine Karte. Du kannst auch – nach einem oder mehreren Tagen – der Reihe nach alle Karten für dieses Chakra aufdecken. Vielleicht helfen die Aussagen und Übungen, deine Selbstheilungskräfte zu aktivieren.

***Problemlösung*** Wenn du im Moment etwas ratlos bist im Zusammenhang mit einem Problem, kannst du irgendeine Karte aus dem gesamten verdeckten Stapel ziehen und schauen, was sie dir zu deinem Problem sagt. Formuliere eine Frage zu deinem Problem – je klarer und konkreter du sie stellst, desto aussagekräftiger und wertvoller kann die Botschaft einer Karte sein. Beispiele für Fragestellungen:

- Was beschäftigt mich am meisten?
- Worauf soll ich bei meiner Entscheidung achten?
- Wie sieht mein Leben im Moment aus?
- Welches ist mein größtes Problem?
- Was soll geheilt werden?
- Was fehlt bei mir, damit ich meinen großen Traum erfüllen kann? etc.

***Themenkarte*** Wenn du einer Yogastunde oder einer Ausbildungssequenz ein Thema geben willst, kannst du im offenen Stapel aussuchen, welche der Botschaften dir im Moment für die Gruppe gerade wichtig erscheint.

***Intuitives Kartenziehen*** Wenn du mit verdecktem Kartenstapel arbeiten möchtest, solltest du beim Finden der Karte sorgfältig und konzentriert vorgehen:

- Breite die Karten verdeckt vor dir auf dem Tisch aus und mische sie gut.
- Nimm dir Zeit, gehe in dich, bevor du eine Karte ziehst.

- Ziehe mit Bedacht eine Karte und lasse sie einen Moment lang auf dich wirken.
- Finde heraus, was die Karte dir sagen könnte.
- Könnte die Aussage der Karte für die Gestaltung deines aktuellen Lebens wichtig sein?
- Was würde die Aussage der Karte bewirken, wenn sie in Erfüllung gehen würde?
- Willst du daran arbeiten, dass sich die Aussage der Karte erfüllt?
- Mache die Übung, die auf der Karte steht.
- Lese die Ausführungen zu der Karte in diesem Booklet.

***Die Karte, die dich anzieht*** Du kannst mit den offenen Karten arbeiten, indem du sie mit den Texten nach oben vor dir ausbreitest und ein wenig darin herum schmökerst. Du wirst erleben, dass dich eine der Karten – warum auch immer – automatisch anzieht. Nimm diese Karte und arbeite mit ihr.

***Die interessanteste Karte*** Eine weitere Spielart ist die, dass du alle Aussagen der Karten liest und in drei Stapel sortiert: Sehr interessant – interessant – uninteressant. Dann nimmst du den Stapel »sehr interessant« und machst wieder drei Stapel, bis nur noch eine Karte übrig bleibt, mit der du arbeiten kannst.

# Finde deine Alterskarte

Anhand der unten stehenden Übersicht findest du deine Alterskarte (s. a. Seite 24).
Beachte: Ein paar Monate vor dem 49. Geburtstag (also mit Beginn des 50. Lebensjahres) beginnt der Zyklus wieder von vorne mit dem ersten Chakra.

| **Alter** (Jahre) | **Chakra-karte** |
|---|---|
| vor Geburt bis ca. 8 Mon. | 1.1 |
| ab 8 Mon. - ca. 1,5 | 1.2 |
| ab 1,5 - ca. 2,5 | 1.3 |
| ab 2,5 - ca. 3,5 | 1.4 |
| ab 3,5 - ca. 4,5 | 1.5 |
| ab 4,5 - ca. 5,5 | 1.6 |
| ab 5,5 - ca. 6,5 | 1.7 |
| ab 6,5 - ca.7,5** | 2.1 |
| ab 7,5 - ca. 8,5 | 2.2 |
| ab 8,5 - ca. 9,5 | 2.3 |

| **Alter** (Jahre) | **Chakra-karte** |
|---|---|
| ab 9,5 - ca. 10,5 | 2.4 |
| ab 10,5 - ca. 11,5 | 2.5 |
| ab 11,5 - ca. 12,5 | 2.6 |
| ab 12,5 - ca. 13,5 | 2.7 |
| ab 13,5 - ca. 14,5** | 3.1 |
| ab 14,5 - ca. 15,5 | 3.2 |
| ab 15,5 - ca. 16,5 | 3.3 |
| ab 16,5 - ca. 17,5 | 3.4 |
| ab 17,5 - ca. 18,5 | 3.5 |
| ab 18,5 - ca. 19,5 | 3.6 |
| ab 19,5 - ca. 20,5 | 3.7 |

## Alterskarte

| **Alter** (Jahre) | **Chakra-karte** |
|---|---|
| ab 20,5 – ca. 21,5** | 4.1 |
| ab 21,5 – ca. 22,5 | 4.2 |
| ab 22,5 – ca. 23,5 | 4.3 |
| ab 23,5 – ca. 24,5 | 4.4 |
| ab 24,5 – ca. 25,5 | 4.5 |
| ab 25,5 – ca. 26,5 | 4.6 |
| ab 26,5 – ca. 27,5 | 4.7 |
| ab 27,5 – ca. 28,5** | 5.1 |
| ab 28,5 – ca. 29,5 | 5.2 |
| ab 29,5 – ca. 30,5 | 5.3 |
| ab 30,5 – ca. 31,5 | 5.4 |
| ab 31,5 – ca. 32,5 | 5.5 |
| ab 32,5 – ca. 33,5 | 5.6 |
| ab 33,5 – ca. 34,5 | 5.7 |
| ab 34,5 – ca. 35,5** | 6.1 |
| ab 35,5 – ca. 36,5 | 6.2 |
| ab 36,5 – ca. 37,5 | 6.3 |

| **Alter** (Jahre) | **Chakra-karte** |
|---|---|
| ab 37,5 – ca. 38,5 | 6.4 |
| ab 38,5 – ca. 39,5 | 6.5 |
| ab 39,5 – ca. 40,5 | 6.6 |
| ab 40,5 – ca. 41,5 | 6.7 |
| ab 41,5 – ca. 42,5** | 7.1 |
| ab 42,5 – ca. 43,5 | 7.2 |
| ab 43,5 – ca. 44,5 | 7.3 |
| ab 44,5 – ca. 45,5 | 7.4 |
| ab 45,5 – ca. 46,5 | 7.5 |
| ab 46,5 – ca. 47,5 | 7.6 |
| ab 47,5 – ca. 48,5 | 7.7 |
| ab 48,5 – ca. 49,5** | 1.1 |

** In den mit Sternchen gekennzeichneten Jahren fängt eine neue Entwicklung an.

# Die sieben Lebensfragen und das korrespondierende Chakra

Im Verlaufe seines Lebens, streng genommen ab der Zeugung bis zum Tod, muss sich der Mensch aus psychologischer Sicht immer wieder mit denselben sieben Fragen auseinandersetzen und aus seiner Lebenssituation heraus jeweils eine Antwort finden. Jede der folgenden Lebensfragen steht in einem engen Zusammenhang mit den sieben Hauptchakren.

| Lebensfrage | Chakra |
|---|---|
| Soll ich bleiben oder soll ich gehen? | Wurzel-Chakra, Karten 1.1 – 1.7 |
| Kann ich loslassen? | Sacral-Chakra, Karten 2.1 – 2.7 |
| Übernehme ich Verantwortung? | Solarplexus-Chakra, Karten 3.1 – 3.7 |
| Kann ich mich selbst lieben? | Herz-Chakra, Karten 4.1 – 4.7 |
| Wie gehe ich mit Distanz und Nähe um? | Hals-Chakra, Karten 5.1 – 5.7 |
| Vertraue ich meiner Intuition? | Stirn-Chakra, Karten 6.1 – 6.7 |
| Fühle ich mich mit der Welt verbunden? | Kronen-Chakra, Karten 7.1 – 7.7 |

## Nicht immer die gleichen Fehler machen

Sind die Chakren offen und aktiv, kann der Mensch die Fragen mit seinem ganzen Potenzial situationsgerecht beantworten. Sind die Chakren jedoch nicht ganz so offen, greift er auf seine gewohnten Muster zurück und beantwortet die Fragen automatisiert, also unabhängig von der spezifischen Situation immer gleich oder ähnlich. Dies ist der Grund, warum jemand wiederholt in die gleichen Fallen tritt, immer wieder die gleichen Fehler macht.

## Ein Beispiel dazu

Nehmen wir einmal die Lebensfrage »Wie gehe ich mit Distanz und Nähe um?«. Sind meine Chakren und insbesondere mein Hals-Chakra, zu dem diese Lebensfrage gehört, offen, spüre ich genau, wann und wie ich mich abgrenzen muss. Ist jedoch mein Hals-Chakra verschlossen, kann es sein, dass ich mich immer wieder ausnutzen lasse, dass Menschen meinen Raum missachten und übergriffig werden.

Weitere Erklärungen, Übungen und die Arbeit mit den Lebensfragen findest du in meinem Buch: »Chakren – Quellen der Kraft und Gesundheit«, ebenfalls erschienen im Königsfurt Urania-Verlag, 2022.

# Die Entwicklung und das korrespondierende Chakra

Anhand dieser Übersicht kannst du ablesen, in welcher Chakra-Entwicklungsphase du gerade bist. Die entsprechenden Karten können dir Hinweise geben, was dir im Moment guttut.

| Alter | Chakra-Karten |
|---|---|
| 0 bis ca. 6 Jahre | 1.1 – 1.7 Wurzel-Chakra |
| ab 7 bis ca. 13 Jahre | 2.1 – 2.7 Sacral-Chakra |
| ab 14 bis ca. 20 Jahre | 3.1 – 3.7 Solarplexus-Chakra |
| ab 21 bis ca. 27 Jahre | 4.1 – 4.7 Herz-Chakra |
| ab 28 bis ca. 34 Jahre | 5.1 – 5.7 Hals-Chakra |
| ab 35 bis ca. 41 Jahre | 6.1 – 6.7 Stirn-Chakra |
| ab 42 bis ca. 48 Jahre | 7.1 – 7.7 Kronen-Chakra |
| ab 49 bis ca. 55 Jahre | 1.1 – 1.7 Wurzel-Chakra |
| ab 56 bis ca. 62 Jahre | 2.1 – 2.7 Sacral-Chakra |
| ab 63 bis ca. 69 Jahre | 3.1 – 3.7 Solarplexus-Chakra |
| ab 70 bis ca. 76 Jahre | 4.1 - 4.7 Herz-Chakra |
| ab 77 bis ca. 83 Jahre | 5.1 - 5.7 Hals-Chakra |
| ab 84 bis ca. 90 Jahre | 6.1 - 6.7 Stirn-Chakra |

etc.

# Symptome und das korrespondierende Chakra

Bei den folgenden Symptomen können dir die Karten des vorgeschlagenen Chakras (manchmal sind es auch mehrere) wertvolle Ansätze zur Aktivierung der Selbstheilungskräfte geben. Natürlich sind das nur Hinweise zu Phänomenen, die möglicherweise noch genauer angeschaut werden müssten.

| Symptom | Korrespondierendes Chakra |
|---|---|
| Ängste, Panik | Erstes Chakra: Wurzel-Chakra |
| Atembeschwerden* | Viertes Chakra: Herz-Chakra* |
| Aufregungszustände | Erstes Chakra: Wurzel-Chakra |
| Äußere Geschlechtsorgane* | Erstes Chakra: Wurzel-Chakra* |
| Beckenbodenprobleme | Erstes Chakra: Wurzel-Chakra |
| Einsamkeit | Viertes Chakra: Herz-Chakra |
| Entscheidungsprobleme | Drittes Chakra: Solarplexus-Chakra |
| Geistige Erschöpfung | Siebtes Chakra: Kronen-Chakra |

## Symptomkarte

| Symptom | Korrespondierendes Chakra |
|---|---|
| Geistige Leere | Siebtes Chakra: Kronen-Chakra |
| Hautprobleme | Alle Chakren |
| Herz-Kreislauf-Probleme* | Viertes Chakra: Herz-Chakra* |
| Hitzewallungen | Drittes Chakra: Solarplexus-Chakra und zweites Chakra: Sacral-Chakra |
| Innere Geschlechtsorgane und Menstruationsbeschwerden* | Zweites Chakra: Sacral-Chakra* |
| Innere Unruhe | Erstes Chakra: Wurzel-Chakra |
| Konzentrationsstörungen | Sechstes Chakra: Stirn-Chakra |
| Kopfschmerzen, Migräne | Sechstes Chakra: Stirn-Chakra |
| Leistungsverlust unter Druck | Alle Chakren; besonders das sechste Chakra: Stirn-Chakra |
| Mangelndes Selbstvertrauen | Erstes Chakra: Wurzel-Chakra |
| Minderwertigkeitsgefühle | Fünftes Chakra: Hals-Chakra |

| Symptom | Korrespondierendes Chakra |
|---|---|
| Motivationsmangel | Drittes Chakra: Solarplexus-Chakra |
| Orientierungslosigkeit | Sechstes Chakra: Stirn-Chakra und siebtes Chakra: Kronen-Chakra |
| Prostataprobleme* | Erstes Chakra: Wurzel-Chakra* |
| Redehemmungen | Fünftes Chakra: Hals-Chakra |
| Regeneration nach Krankheit oder Unfall | Alle Chakren |
| Skelett- und Gelenkbeschwerden | Erstes Chakra: Wurzel-Chakra |
| Trauer | Viertes Chakra: Herz-Chakra |
| Verdauungsprobleme* | Drittes Chakra: Solarplexus-Chakra* und zweites Chakra: Sacral-Chakra* |
| Verspannungen, innere Blockaden | Zweites Chakra: Sacral-Chakra |
| Zwänge | Zweites Chakra: Sacral-Chakra |

*** Insbesondere bei diesen Symptomen sollten Selbstbehandlungen nur in Ergänzung zu therapeutischen Behandlungen bei ÄrztInnen oder PsychotherapeutInnen durchgeführt werden.**

# Was sagen mir die Karten?

Jede Chakra-Karte enthält eine bedeutungsvolle Aussage in einem kurzen Satz, die eine öffnende Wirkung auf das jeweilige Chakra hat, wenn wir uns mit der Aussage auseinandersetzen. Dazu findest du auf jeder Karte eine Übung, mit der du die Aussage für dich konkretisieren, erlebbar machen und vertiefen kannst.

WURZEL-CHAKRA

# Vertrauen

Nur mit einem gesunden Selbstvertrauen kann ich auch anderen und der Welt vertrauen, ohne mich einfach auszuliefern.
Das aktive, offene und starke Wurzel-Chakra unterstützt mich in meinem Selbstvertrauen.

# Wurzel-Chakra

## Karte 1.1 Wurzel-Chakra

»Ich gehöre in diese Welt.«

Ich werde mir bewusst, dass ich einmalig bin, dass die Welt mich braucht, auch wenn ich nur ein ganz kleines Krümelchen bin. Aber auch das kleinste Krümelchen hat eine Wirkung.

Du löst durch dein Dasein und dein Verhalten bei anderen etwas aus, genauso wie andere bei dir etwas auslösen. Du veränderst dich ständig, hast einen Einfluss auf andere, die, beeinflusst durch dich, wiederum Einfluss auf andere haben. Das breitet sich wie eine Lawine aus. Genau das macht letztlich die Welt aus, und du bist ein wichtiger Teil dieses Geschehens.

***Eine Übung dazu*** *Schreibe einmal auf, für wen und für was du wichtig bist. Vergiss dabei deine Eltern und Verwandten nicht.*

## Karte 1.2 Wurzel-Chakra

»Fest verwurzelt stehe ich in der Welt.«

Wenn ich mich fest verwurzelt fühle, kann ich von der Erde Energie aufnehmen, so wie ein Baum seine Energie aus dem Boden erhält.

Energie brauche ich, um mich den Anforderungen des täglichen Lebens zu stellen. Da unser Leben aber sehr energieraubend ist, kann es schnell einmal dazu kommen, dass ich mehr Energie verbrauche als aufnehme. Aus diesem Grund ist es wichtig, dass wir uns immer wieder vergegenwärtigen, dass wir Energie aus der Erde aufnehmen. Dies fördern wir, indem wir uns ganz aufmerksam mit der Erde verbinden.

***Eine Übung dazu*** *Schaue dich im Wald um und finde Bäume, die ein starkes Wurzelwerk haben. Fotografiere verschiedene Wurzeln und fertige mit den Fotos eine Serie an, die du immer wieder meditativ anschauen kannst, wenn dir die Verwurzelung fehlt.*

## Karte 1.3 Wurzel-Chakra

### »Ich habe Vertrauen zu mir.«

Die innere Überzeugung, dass ich den Anforderungen gewachsen bin und sein werde, das Wissen darum, dass ich mich auf mich verlassen kann, dass mir in einer Situation schon das Richtige in den Sinn kommen wird, oder dass auch mein Körper zuverlässig funktioniert, ist ein riesiges Potenzial für die Bewältigung von Situationen.

Auch wenn du dich leider nicht (mehr) auf deinen Körper verlassen kannst, weil du krank bist oder du andere Beschwerden hast, denke daran, du bist mehr als dein Körper. Auch so kannst du Vertrauen zu dir haben.

***Eine Übung dazu*** *Gehe »aufrecht« durchs Leben, indem du dich immer wieder daran erinnerst, einen langen Rücken zu machen. Stelle dir vor, dass du ein Buch auf dem Kopf balancierst und deine Schulterblätter in Richtung Pobacken sinken lässt. Nimm innerlich wahr, wie du dich dabei fühlst. Besonders in anspruchsvollen Situationen kannst du so dein Selbstvertrauen stärken.*

## Karte 1.4 Wurzel-Chakra

### »Ich vertraue anderen.«

Das gute Selbstvertrauen ist die Grundlage für ein gesundes Vertrauen in andere Menschen, Lebewesen oder in das Schicksal.

Mit gesundem Vertrauen gehe ich davon aus, dass es jede und jeder grundsätzlich gut machen will, und dass der Mensch oder andere Lebewesen im Grunde ihres Wesens gut sind. Wenn Fehler oder Unfälle geschehen, handelt es sich meistens um eine unglückliche Verkettung der Umstände oder um Aufmerksamkeitslücken. Wenn sich Menschen aggressiv, habgierig oder machtbesessen verhalten, sind es meist äußere Einflüsse, die dazu führen. Kann ich solchen Menschen mit einem natürlichen Selbstvertrauen begegnen, ändert sich oft auch deren Haltung.

Gesundes Vertrauen heißt nicht, dass ich mich blind ausliefere und mich abhängig mache, sondern dass ich offen und grundsätzlich positiv auf andere Menschen, Lebewesen oder Situationen zugehe.

***Eine Übung dazu*** *Gib 2 Tropfen Duftöl »Vetiver« (asiatisches Süßgras) in deine Hand und verreibe sie mit der anderen Hand in den Handflächen. Schließe die Augen, gehe mit der Aufmerksamkeit ins unterste Chakra (im Beckenboden) und halte nun die beiden duftenden Hände wie eine Muschel vor Mund und Nase. Atme das asiatische Süßgras mehrmals tief ein. Dies unterstützt die Öffnung des Wurzel-Chakras.*

---

## Karte 1.5 Wurzel-Chakra

### »Der Boden trägt mich.«

Einen sicheren Boden unter den Füßen oder unter dem Körper wahrzunehmen, gibt grundsätzlich Vertrauen. Wenn sich alles verändert, nichts mehr hält – der Boden trägt mich. Darauf kann ich mich verlassen.

Das heutige Leben bringt es mit sich, dass wir wenig mit dem Erdigen zu tun haben. Intellektuelle Tätigkeiten, Administration, Planung, Forschung, Verkauf etc. finden mehrheitlich im Kopf und am Computer statt. Wir sind andauernd unterwegs, sind die wenigste Zeit zu Hause, leben im dritten Stock eines Hauses, verbringen die Mehrheit der Zeit auf künstlichen Böden. So kommt Erdung zu kurz. Psychologisch gesehen ist es deshalb nicht verwunderlich, dass Angstsymptome und Schwindel im Zunehmen begriffen sind.

Wenn du ins unterste Chakra (Wurzel-Chakra) meditierst und den Boden als tragfähigen Untergrund erlebst, stärkst du dein Selbstvertrauen. Und damit werden Ängste plötzlich erträglich.

***Eine Übung dazu*** *Lege dich auf den Boden und nimm diesen bewusst als tragfähigen Untergrund wahr. Meditiere dabei ins unterste Chakra (Wurzel-Chakra, im Beckenboden). Damit stärkst du dein Selbstvertrauen und so werden Ängste plötzlich erträglich. Erfahre bewusst, wie der Boden dich trägt. Wenn du diese Übung in der freien Natur machen kannst, umso besser.*

## **Karte 1.6** Wurzel-Chakra

»Ich darf so sein, wie ich bin.«

Ich bin einmalig, mich gibt es kein zweites Mal, und es ist gut, wie ich bin. Vielleicht kann ich sogar sagen: »Es ist schön, dass es mich gibt.«

Dieses unüberhebliche Selbstverständnis ist eine wichtige Ressource für meine Sicherheit im Leben. Ich nehme mich so an, wie ich bin.

»Ich darf so sein, wie ich bin« ist jedoch kein Freipass für Sturheit und Stagnation. Vielmehr ist es das Bekenntnis zu dir als Mensch, der sich stets auch anpassen und verändern darf, der einen guten Ausgleich von Anpassung und Selbstverwirklichung findet.

***Eine Übung dazu*** *Setze dich auf den Boden, schließe deine Augen für ein paar Minuten. Nimm wahr, was sich innerlich gerade in dir abspielt, egal was.*

*Nimm zwischendurch immer wieder mit dem Boden Kontakt auf und sage dir innerlich: »Das bin ich und es darf so sein.«*
*Wiederhole diese Übung über einen Zeitraum von zwei Wochen jeden Tag.*

---

## Karte 1.7 Wurzel-Chakra

»Ich nehme die Energie der Erde auf.«

Der bewusste Kontakt zum Boden bringt viel Energie und Sicherheit, die mich darin unterstützt, auch in schwierigen Situationen zu bestehen, mich zu überwinden und konkrete Lösungen zu finden.

Ängste und Panikattacken sind bei uns im Zunehmen begriffen und nehmen ein bedenkliches Ausmaß an. Oftmals sind solche belastenden Episoden mit dem Gefühl verbunden, den Boden unter den Füßen zu verlieren.

***Eine Übung dazu*** *Lege dich auf dem Boden auf den Bauch und strecle alle Viere von dir, mit maximalem Bodenkontakt. Diese Übung kann sehr hilfreich sein, um eine stabile Basis zu bekommen. Wenn du das auch noch im Garten, auf dem Waldboden oder sonst in der Natur machen kannst, hilft dir der Naturgeruch, die Information bei dir zu vertiefen.*

SACRAL-CHAKRA

# Loslassen

Angeboren ist das Festhalten. Das Loslassen müssen wir lernen. Nur so werden Bewegung, Entwicklung und Wachstum möglich. Wenn ich ins Fließen komme und alte Geschichten loslassen kann, bin ich frei, mein Leben zu gestalten.

# Sacral-Chakra

## Karte 2.1 Sacral-Chakra

»Ich lasse es fließen.«

Alles fließt, alles verändert sich ständig. Das ist eine Tatsache, ein Naturgesetz: Die Zeit läuft, Organismen wachsen und verändern sich, ein Bach sucht sich seinen Weg und verändert sich stets.

Oft wünschen wir, dass etwas bestehen bleibe, dass wir etwas festhalten könnten, weil dies so viel Sicherheit bringt. Festhalten, verkrampfen, blockieren ist gegen die Natur und damit ungesund – doch die Natur ist stärker; sie holt sich ihr Recht zurück und zwingt uns zum »Fließen«, zum Loslassen, zur Bewegung.

Alles was kommt, geht auch wieder. Wenn mir das, was kommt, gefällt, bin ich traurig, wenn es wieder geht. Ist das, was kommt, beängstigend und bedrohlich, freue ich mich, wenn es wieder geht.

***Eine Übung dazu*** *Wenn du in deinen Gedanken etwas festhältst und nicht loslassen kannst, kann es helfen, an ein Bächlein oder an einen Fluss zu sitzen. Schließe die Augen und stelle dir vor, dass du das,* *was du nicht loslassen kannst, liebevoll und sorgfältig an ein Schiff abgibst. Dann kannst du innerlich zuschauen, wie das beladene Schiff langsam den Fluss oder das Bächlein hinuntertreibt, bis es in weiter Ferne um die nächste Biegung verschwindet.*

---

## Karte 2.2 Sacral-Chakra

### »Ich lasse Veränderungen zu.«

Alles ändert sich – mehr oder weniger schnell. Oft ist der natürliche Reflex, sich gegen Veränderungen zu sträuben, weil sie ja die Ungewissheit des Unbekannten in sich tragen. Unbekanntes kann bedrohlich sein, wenn ich unsicher werde, ob ich die – möglicherweise mir noch fremde – Situation meistern kann. Dies kann mehr oder weniger bewusst Ängste auslösen.

Veränderungen beinhalten jedoch die Chance zum eigenen Wachstum. Sie fordern mich heraus. Ich lerne dazu, meine Ressourcen sind gefragt, aber ich werde auch mit meinen Grenzen konfrontiert.

Wenn es dir gelingt, Veränderungen anzunehmen, bleibst du im inneren Frieden und kannst deine Energie, die du in den Widerstand stecken würdest, für die Bewältigung der kommenden Aufgaben einsetzen.

***Eine Übung dazu*** *Wenn du ins Sacral-Chakra meditierst, dir vorstellst, dass dort alles ins Fließen kommt, und wenn du dieses Fließen als Teil von dir verinnerlichst, kannst du auch dir erlauben, im Fluss zu sein. So kannst du Veränderungen plötzlich als Teil deiner Realität und deines Wesens betrachten.*

---

## Karte 2.3 Sacral-Chakra

»Ich darf auch das machen, was mir Freude macht.«

Das Wort »muss« hat sich in unserem Wortschatz tief eingenistet: »Ich muss noch schnell…«, »das muss sich jetzt sofort ändern«, »ich muss jetzt endlich mal…« oder auch der Ratschlag: »Du musst nur…«.

Mit dem Wort »muss« setze ich mich und oft auch andere unter Druck, und Druck erzeugt bekanntlich Gegendruck. So sind wir oft – ohne dass wir es merken – im inneren Krieg, der, wie übrigens alle Kriege, Unmengen von Energie verschlingt. Wenn Druck und Gegendruck sich die Waage halten, sind wir blockiert. Häufig ist dies der Grund, weshalb wir immer wieder die gleichen Fehler machen oder unangenehme Aufgaben immer wieder aufschieben, wie z.B. das Ausfüllen der Steuerunterlagen.

Unerledigtes beschäftigt uns innerlich, was sehr oft der Grund ist für Unzufriedenheit, innere Unruhe, Gedankenkreisen u.s.w.

Selbstverständlich sollen wir diszipliniert unsere Aufgaben erledigen. Daneben sollten aber die vielen Dinge, die Freude machen, nicht vergessen werden.

***Eine Übung dazu*** *Ersetze einmal die Worte »ich muss« durch »ich will« oder »ich möchte«. Du merkst schnell, ob das stimmt oder nicht. Gewisse Dinge müssen einfach sein, andere könnten aber auch lustvoller angegangen werden. Auf jeden Fall nimmt »ich will« oder «ich möchte« viel unangenehmen Druck aus einer Situation.*

*Das zu tun, was mir Freude macht, bringt Lust, Lockerheit und inneren Frieden, aus dem heraus viel Kreativität und Leistung entstehen kann.*

---

## Karte 2.4 Sacral-Chakra

### »Ich bin in Bewegung.«

Solange ich geistig, emotional und körperlich in Bewegung bin, lebe ich gesund. Ängste, innere Widerstände, feste Vorstellungen wie z. B. Glaubenssätze können auf allen Ebenen blockieren.

Das zweite Chakra, das Sacral- oder Unterbauch-Chakra, unterstützt uns, wenn es aktiv ist, mit seiner Energie, in Bewegung zu bleiben oder wieder in Bewegung zu kommen. Verspannungen lösen sich, geistige Einengungen können sich auflösen und auch emotional kann vieles wieder in Fluss kommen, sodass es wieder möglich wird, Gefühle zuzulassen und zu zeigen.

Langes und häufiges Sitzen kann sich blockierend auf das Sacral-Chakra auswirken, weil beim Sitzen auf Stühlen häufig der untere Bauchraum eingeengt und angespannt ist, und weil Sitzen meistens statisch ist. Das Sacral-Chakra ist im weitesten Sinne dynamisch, es braucht die Dynamik der Bewegung.

***Eine Übung dazu*** *Besorge dir Sandelholzöl und gebe es in ein Öllämpchen oder einen Diffusor – es verbreitet sich der Duft der Bewegung.*

---

## **Karte 2.5** Sacral-Chakra

»Ich lasse Vergangenes los und bin frei für die Zukunft.«

Ein stimmiger Abschluss bringt Lösung, Unabgeschlossenes verursacht dagegen Anhaftung.

Unerledigtes und ungut Abgeschlossenes sorgt immer wieder dafür, dass ich daran denken muss, und naturgemäß kommen auch zwangsläufig die dazu gehörenden, belastenden Gefühle auf. Diese Anhaftung verhindert, dass ich meine Zukunft frei gestalten kann.

Wenn es mir gelingt, eine Episode in einer versöhnlichen Art und Weise abzuschließen, kehrt Ruhe ein. Das Erlebte bleibt als Erinnerung, jedoch nicht mit den unguten Gefühlen verbunden. Eine mehr oder weniger gefühlsbefreite Erinnerung kann ich ablegen und mich für Neues öffnen.

## Friedvolle Symbolhandlungen helfen beim Loslassen

Schwerwiegende, einschneidende Ereignisse und Psychotraumata lassen sich leider selten in einem einvernehmlichen Prozess abschließen. Oftmals wäre es gut, in solchen Fällen psychologische Hilfe zu suchen, denn unabgeschlossene Traumata können verhängnisvolle Spätfolgen verursachen.

Was oft beim Loslassen von Vergangenem hilft, sind friedvolle, sanfte Symbolhandlungen. Briefe und Fotos verbrennen, was nicht selten gemacht wird, ist nicht friedlich, sondern aggressiv und kriegerisch. Solche Handlungen verstärken eher die belastenden, unguten Gefühle, was das Loslassen nicht gerade unterstützt.

Friedliche Symbolhandlungen beziehen ihre Kraft aus dem versöhnlichen Kontext.

***Eine Übung dazu*** *Gebe Erinnerungsstücke, Briefe, Fotos und Symbole für die abschließende Episode sorgfältig in eine Schachtel, verschließe diese gut und finde einen ruhigen Platz in der Natur, wo du die Schachtel mit den Erinnerungsstücken – vielleicht noch mit einem Dank an die übergeordnete Kraft, dass sie mir die Freiheit gibt – vergräbst. Wenn ein Freund oder eine Freundin dabei sein kann, erleichtert es diesen symbolischen Akt, der nicht zynisch oder in Wut, sondern in feierlicher Ruhe vollzogen werden muss, damit er seine Wirkung tut.*

---

## Karte 2.6 Sacral-Chakra

»Ich lebe.«

Was so banal klingt, ist wichtig. Es ist hilfreich, mir immer wieder ins Bewusstsein zu rufen, dass ich lebe, dass ich mich verändern und mit der Zeit gehen darf. Was heute für mich richtig und wichtig ist, kann und darf auch morgen bereits anders aussehen, denn die Welt bewegt sich, und wenn ich stehen bleibe, kann es sein, dass mir die Welt davon rennt.

Das vermeintliche Kompliment »Du bist immer noch dieselbe oder derselbe wie damals in der Schule« würde – wenn es so wäre – heißen, dass ich nicht gelebt habe und stehen geblieben bin.

»Ich lebe« heißt auch, dass ich mich und meine Welt mit allen Sinnen aufmerksam, offen und bewusst wahrnehme, dass ich reagiere und Einfluss nehme.

Du kannst mit deinen fünf Sinnen ganz bewusst durchs Leben gehen, und du nimmst plötzlich Dinge wahr, die bisher an dir vorbeigegangen sind, weil du in Gedanken warst, ein Gespräch geführt hast oder weil dein übermächtiger Sehsinn dominiert hat.

***Eine Übung dazu*** *Gehe einmal allein durch einen Wald oder in die freie Natur. Behalte deine fünf Sinne bewusst offen und nimm aufmerksam auf, was du siehst, was du hörst, was du riechst, was du im Mund wahrnimmst, wenn du einige Male durch den Mund einatmest. Und nimm wahr, was deine Haut spürt, z.B. den Wind oder auch wenn du bewusst etwas anfasst.*

## Karte 2.7 Sacral-Chakra

### »Ich lasse meine Energie fließen.«

Energie ist das Vermögen eines Körpers, Arbeit zu verrichten, so sagt es die Physik. Indem wir uns bewegen, Wärme erzeugen, uns aufrecht halten (Spannung in den Muskeln erzeugen), durch unsere Ausstrahlung auf die Außenwelt wirken (Strahlung), setzen wir Energie um und leisten Arbeit.

Energie gewinnen wir, indem wir Nahrung zu uns nehmen, aber auch durch schöne Eindrücke wie frische Luft, Sonnenwärme, Kunst, die uns gefällt, angenehme Begegnungen mit Lebewesen und Tätigkeiten, die uns Freude bereiten. Diese letztere Energie nennen wir »feinstofflich«. Sie gibt dem reinen Funktionieren, welches durch die grobstoffliche Energie ermöglicht wird, eine Qualität. Ich funktioniere nicht nur, sondern ich lebe in guter Qualität.

## Innerer Krieg raubt uns Lebensqualität

Selbstvorwürfe, Blockierungen, innerer Krieg, Unzufriedenheit, ein unbefriedigender Job, Konflikte, problematische Familien- oder Beziehungssituationen, Streit usw. rauben uns feinstoffliche Energie. Die Qualität unseres Daseins verschlechtert sich.

Gesund ist es, wenn bei uns die Energie im rhythmischen Fluss ist. Wir nehmen Energie auf und investieren unsere Energie. Ideal ist es, wenn wir gleich viel ausgeben wie einnehmen. Wenn wir den Energiefluss blockieren, beispielweise bei Verkrampfungen oder mentalen Blockaden, ist das gegen die Natur und demzufolge ungesund.

***Eine Übung dazu*** *Plane konkret und verwirkliche in deinem Leben regelmäßig Vorhaben, die dir persönlich guttun, seien dies Wanderungen in der Natur, der Besuch eines Konzertes, eines Museums, das Lesen eines Romans o. ä. Dies sind oft Dinge, die wir vernachlässigen, weil wir von anderen Einflüssen absorbiert sind, andere Prioritäten setzen oder zu viele Verpflichtungen haben. Dabei würden uns genau solche Aktionen viel feinstoffliche Energie geben und die Qualität unseres Lebens positiv beeinflussen.*

# Mut

Wenn ich Mut habe, darf ich mich neuen Situationen, die immer mit Unsicherheit verbunden sind, aussetzen. Ich kann mich entscheiden, eingetrampelte Gewohnheitspfade zu verlassen und Neues zu wagen.

# Solarplexus-Chakra

***Karte 3.1*** Solarplexus-Chakra

# »Ich übernehme Verantwortung und treffe Entscheidungen.«

Jede Entscheidung verlangt von mir, dass ich Verantwortung übernehme, Verantwortung für die Folgen der Entscheidung – auch der Nicht-Entscheidung. Die Folgen sind jedoch im Grunde genommen nie genau absehbar, und deshalb ist das Entscheiden immer mit einem Risiko verbunden. Nicht-Absehbarkeit und Ungewissheit machen Angst und Angst blockiert. Diese Zusammenhänge stecken hinter dem – manchmal auch berechtigten – Zögern und endlosen Abwägen.

## Selbstsicherheit erleichtert das Übernehmen von Verantwortung

Nicht selten verharren Menschen in einer ungemütlichen, zum Teil brutalen Opfersituation. Sie fühlen sich machtlos, ausgeliefert und bedroht. Warum entscheiden sie sich nicht, etwas an der Situation zu verändern? Oftmals weil sie sich nicht stark genug fühlen, die Konsequenzen einer Entscheidung zu tragen. Lieber nehmen sie die unmögliche und ungesunde Situation in Kauf, als ein Risiko einzugehen. Ausdrücklich will ich betonen, dass es auch verständlich und richtig sein kann, nicht zu entscheiden. Und manchmal ist man auch wirklich einer Situation machtlos ausgeliefert. Ich denke da an chronische Krankheiten. Aber auch da stellt sich die Frage, ob ich mich einfach dem Leiden als Opfer hingeben oder in irgendeiner Form aktiv werden und in die Handlung kommen will.

## Du kannst Einfluss nehmen

Du kannst als Erleichterung für eine Entscheidung innerlich in die Handlung kommen, indem du eine realistische, möglichst konkrete Absicht für ein Vorhaben formulierst, z. B. »Ich finde eine Stelle, in der ich mich frei fühlen und in der ich meine Fähigkeiten als Ingenieurin voll einbringen kann.« Dazu solltest du dir auch die positiven Gefühle der Dankbarkeit vorstellen, die du haben wirst, wenn dieses Vorhaben gelingt.

***Eine Übung dazu*** *Gehe jetzt in die Meditation und denke dir ein eigenes, möglichst konkretes Vorhaben aus, das du erreichen möchtest. Nimm möglichst genau deine Gefühle wahr, die du an einem solchen*

*Arbeitsplatz empfinden würdest, z. B. ich bin dankbar, glücklich und zufrieden. Schreibe anschließend das Vorhaben mit den damit verbundenen Gefühlen auf und suche dir als Symbol für dieses Vorhaben die Farbe Gelb. Dies ist die Referenzfarbe für das dritte Chakra. Jedes Mal, wenn du irgendwo Gelb siehst, rufst du dir dein Vorhaben unbedingt zusammen mit den dazugehörigen Gefühlen in Erinnerung.*

Wenn du einige Male mit diesem Projekt in die Meditation gehst und es dir im Alltag immer wieder in Erinnerung rufst, wenn du Gelb siehst, hast du eine selbstverantwortliche innere Handlung gemacht, welche die Chance für die Erfüllung deiner Träume massiv erhöht. Du hast Verantwortung übernommen und entschieden!

## *Karte 3.2* Solarplexus-Chakra

### »Ich entscheide mich zu wachsen.«

Wachstum ist im Plan der Natur. Alles was lebt wächst. Wenn du dich deinem Wachstum entgegenstellst, handelst du gegen die Natur, und das ist auf Dauer ungesund.

Ich kann mich ganz bewusst für das Wachstum entscheiden und so im weitesten Sinn etwas für meine Gesundheit tun, indem ich mir Lerngelegenheiten schaffe. Wachsen, sich entwickeln, kann etwas sehr Aufregendes sein, denn mit allem, was ich gelernt habe, ändert sich mein Leben – ich stehe anders da.

Wenn ich jeden Tag etwas Neues lerne, den Tag bewusst erfahre und gestalte, etwas kreiere, mir heute etwas leichter von der Hand geht, dann wachse ich. Leider fallen mir solche kleinen Fortschritte kaum auf, dabei wäre die bewusste Wahrnehmung von Lernmöglichkeiten und eigenen Entwicklungen der motivierendste Schlüssel zur Entscheidung, weiter wachsen zu wollen.

***Eine Übung dazu*** *Wenn du dich abends beim Zubettgehen fragst, was du heute gelernt hast, schärfst du deine Wahrnehmung von Lerngelegenheiten. Das können ganz kleine Dinge sein, die du früher gar nicht bemerkt hättest, z.B. »Ich habe heute gelernt, dass meine Salatsoße viel runder schmeckt, wenn ich drei Tropfen Tabasco rein gebe.«*

---

## **Karte 3.3** Solarplexus-Chakra

### »Ich bin klar und Unterscheidungsfähig.«

Ruhige Wachheit, das Sein im »Hier und Jetzt«, ermöglicht es mir, klar zu denken, eins nach dem anderen zu erledigen. Wenn ich in meinem Inneren ruhig und klar bin, kann ich auch zwischen dem, was für mich gut ist, und dem, was mir Lust macht, unterscheiden. Was für mich gut ist, unterstützt mein Wachstum. Was Lust macht, kann bestenfalls befriedigt werden, bringt mich aber nicht weiter, weil Lust immer wieder auftaucht.

Im Alltag sind wir oft durch innere und äußere Einflüsse abgelenkt, denken und erledigen drei Dinge gleichzeitig. Die andauernde Erreichbarkeit und dass alles immer sofort erledigt sein muss, bringt zusätzliche Hektik. Das vernebelt unsere Fähigkeiten wahrzunehmen, zu denken und zu unterscheiden.

***Eine Übung dazu*** *Die beste Art, in die innere Ruhe zu kommen und klar zu werden, ist die Meditation und das bewusste Atmen in den Unterbauch. Atme mit geschlossenen Augen durch die Nase und verfolge den Atem bis in den Unterbauch, der sich wölbt, wenn du einatmest, und abflacht, wenn du ausatmest. Du kannst mit den Händen am Bauch diese Bewegung verfolgen oder gar unterstützen.*

---

## *Karte 3.4* Solarplexus-Chakra

### »Ich setze mich für meine Ziele ein.«

Ein Ziel ist eine Beschreibung dessen, was ich bis wann erreicht haben möchte. Ein konkretes Ziel könnte sein: Bis heute um 19 Uhr ist meine Wohnung geputzt.

Die meisten Menschen denken nicht in Zielen, sondern in Tätigkeiten, also z. B. heute putze ich meine Wohnung. Das ist viel weniger präzise und fordernd, als wenn ich mir ein Ziel vornehme, und hat den Nachteil, dass ich eher die Tendenz habe, mein Vorhaben nicht mit Nachdruck zu verfolgen, ja sogar ein Vorhaben ständig vor mir her zu schieben.

Zudem lasse ich mich von meinem Plan leichter durch Dringenderes abbringen. Unerledigte Dinge verursachen innere Unruhe, Unzufriedenheit und verbrauchen unnötig Energie. Hinzu kommt, dass Hinausgeschobenes plötzlich dringend wird und unmittelbar – meist im dümmsten Moment – noch schnell erledigt werden muss.

***Eine Übung dazu*** *Setze dir bei besonders wichtigen oder besonders unangenehmen Aufgaben ein Ziel und setze dich für die Zielerreichung ein.*
*Ziele müssen relevant, erreichbar und bestimmt formuliert sein: »Bis heute Abend um 18 Uhr ist meine Steuererklärung ausgefüllt.«*
*Teile dein Ziel nahestehenden Personen mit. Das erhöht die Verpflichtung.*

Etwas schwieriger ist es, wenn ich ein Ziel habe, das ich gegen Widerstände von außen durchsetzen will, z. B. Ich will bis Ende des Jahres Abteilungsleiterin sein. Hier helfen eine Strategie (Vorgehensweise) und kleine, erreichbare Teilziele. Die Strategie in unserem Beispiel könnte sein, in der Freizeit eine Führungsschulung zu absolvieren, sich für ein Teilprojekt einzusetzen, den Führungsanspruch beim Qualifikationsgespräch kundzutun und allgemein offener zu kommunizieren als bisher. Auf diese Weise setzt du dich für deine Ziele ein.

---

## *Karte 3.5* Solarplexus-Chakra

### »Ich bin die Chefin/der Chef.«

Es ist mein Leben. Ich bin die Chefin oder der Chef über mein Leben, denn ich habe jederzeit die Kompetenz zu entscheiden und mein Leben zu gestalten. Selbstverständlich geht eine Chefin oder ein Chef auch in die Handlung und übernimmt die Verantwortung für die Konsequenzen.

Ein guter Chef oder eine gute Chefin bezieht seine Bezugspersonen in sein Denken und Handeln ein.

Also nehme ich mein Leben auf eine rücksichtsvolle Art und Weise in die Hand, indem ich auch nie vergesse, meine Bezugspersonen gedanklich oder im direkten Kontakt in meine Entscheidungen miteinzubeziehen.

Als Chefin oder Chef übernimmst du die Initiative und wartest nicht, bis du zum Handeln aufgefordert oder gezwungen wirst.

***Eine Übung dazu*** *Setze dich entspannt mit geschlossenen Augen auf einen Stuhl. Nun ergreifst du die Initiative, indem du kurz in dein Solarplexus-Chakra gehst und von dort aus den »Powermove« machst: Du öffnest weit die Augen und schnellst mit einem Ruck im Stuhl in die Höhe, indem du Arme und Beine weit ausstreckst, jedoch mit den Füßen auf dem Boden bleibst. Bei diesem Ruck stößt du einen lauten Ton aus: »Boah!« Diese Übung weckt Initiative und zeigt Mut.*
*Vorsicht ist bei Rückenschäden geboten. Wenn du Rückenprobleme hast, solltest du dich bei dieser Übung einfach weniger ruckartig und vorsichtiger bewegen.*

## *Karte 3.6* Solarplexus-Chakra

### »Ich stehe zu mir.«

Ich bin so, wie ich bin, mit meinem Potenzial, mit all meinen Stärken und Schwächen. Dazu darf ich auch stehen.

Ich besitze ein immenses körperliches, geistiges und gefühlsmäßiges Potenzial, das mich befähigt, mein Leben zu meistern. Meine Kreativität, um nur ein Beispiel zu nennen, gibt mir die Möglichkeit, vorauszudenken, mich schnell auf eine Situation einzustellen, Problemlösungen zu finden und meine Fantasie zu nutzen.

So hast du noch ganz viele andere Fähigkeiten, die du nicht einmal bewusst wahrnimmst, weil sie doch so »normal« sind. Dafür nimmst du möglicherweise umso bewusster wahr, wenn dir etwas nicht gelingt, wenn du etwas nicht kannst. Dabei wäre es für die Selbstsicherheit so wichtig, die eigenen Fähigkeiten ins Bewusstsein zu rufen, wahrzunehmen, wie du dich veränderst und was du wieder Neues gelernt hast.

## Ich schreite voran

Gerade in druckvollen Situationen vergessen wir oft, dass wir unglaubliche Fähigkeiten haben, um Situationen zu meistern. Schnell kommt der Gedanke: »Das kann ich nicht«. Dies hält uns manchmal davon ab, uns anspruchsvollen Gegebenheiten auszusetzen. Wir sprechen hier von Selbsteinengung.

Daraus resultiert mutloses, risikovermeidendes, unkreatives Verhalten. Schnell verfällt man in altbewährte, vermeintliche Erfolgsmuster, die jegliche Entwicklung und jeden Fortschritt blockieren. »Das habe ich schon immer so gemacht« oder »Ich fange nichts Neues mehr an« sind typische Aussagen, die Fortschritt und persönliches Wachstum hemmen.

Zu mir zu stehen heißt nicht, stehen zu bleiben. Die Welt bewegt sich, also soll auch ich mich bewegen, wachsen, mich entwickeln. Ich nutze das Feuer des dritten Chakras, um voranzuschreiten.

***Eine Übung dazu*** *Zu diesen Gedanken kannst du gut in dein Solarplexus-Chakra meditieren, dort ein Feuer brennen lassen und spüren, wie die Hitze deinen Körper durchfließt. Dabei kannst du den Satz denken: »Das bin ich und ich stehe zu mir!«*

## Karte 3.7 Solarplexus-Chakra

# »Ich lenke mich selbst.«

Ich habe – wenn ich gesund bin – jederzeit die Möglichkeit, mich selbst zu lenken. Es ist mein Leben, also kann ich es auch gestalten.

Werde dir bewusst, wie oft du von anderen Menschen, deren Launen, von äußeren Reizen, von deinen eigenen Launen, Bedürfnissen, Ängsten oder Werten, von deinen Automatismen gelenkt wirst.

Hier hast du die Möglichkeit, »Stopp!« zu sagen. Du kannst aktiv beschließen, die Ruder selbst in die Hand zu nehmen und zur aktiven Lenkerin oder zum aktiven Lenker deiner Geschicke zu werden.

Das ist einfacher gesagt als getan, denn zu sehr sind wir in unseren Gewohnheiten, in unserem Wunsch, »pflegeleicht« zu sein, es allen recht machen zu wollen und damit geliebt zu werden, verhaftet.

***Eine Übung dazu*** *Du kannst dir z.B. vornehmen, deine Laune nicht von anderen abhängig zu machen. Mit starkem Solarplexus-Chakra und einem*

*Samkalpa (Willensäußerung) wird dies zunehmend möglich. Formuliere ein Samkalpa, einen einfachen Satz, der bejahend einen Willen kundtut, wie z. B. »Ich bleibe bei mir und lenke mich selbst«. Vertiefe dieses Samkalpa ins Unterbewusstsein, indem du in der nächsten Zeit ins Solarplexus-Chakra meditierst und dir dabei diesen Satz ganz intensiv vergegenwärtigst.*

HERZ-CHAKRA

# Liebe und Dankbarkeit

Liebe und Dankbarkeit sind die stärksten Empfindungen für eigene konstruktive Veränderungen. Sie befreien mich von eingespielten Mustern, inneren Zwängen und setzen neue Kräfte frei. Daraus erwächst ein konstruktiver Umgang mit der Welt.

# Herz-Chakra

## **Karte 4.1** Herz-Chakra

### »Ich gehe friedlich auf die Welt zu.«

Bin ich mit mir im Frieden, kann ich im Frieden auf die Welt zugehen. Das heißt, ich bin grundsätzlich offen, freundschaftlich und vertrauensvoll.

Selbstverständlich bin ich nicht naiv, ich offeriere lediglich meine Freundschaft, will konstruktiv sein und für alle Seiten gute Lösungen finden. Wird meine friedliche Absicht angenommen, freue ich mich. Wird sie jedoch – was selten vorkommt – abgelehnt oder mit Falschheit hintergangen, bin ich auch fähig, mich zur Wehr zu setzen.
In den inneren Frieden kommst du, wenn du dich grundsätzlich so annimmst, wie du bist, mit all deinen Stärken und Schwächen, wenn du bereit bist, ohne inneren Druck an dir zu arbeiten.

***Eine Übung dazu*** *Das oben genannte Ziel kannst du erreichen, wenn du meditativ einen guten Kontakt zu deinem Herz-Chakra herstellst. Das kannst du Räuchern mit Beifuß oder Kardamom unterstützen.*

## Karte 4.2 Herz-Chakra

»Ich bin achtsam mit mir selbst.«

Wir sind in der Regel stark durch das Außen abgelenkt, sodass wir Gefahr laufen, uns selbst zu vergessen. Um Ziele zu erreichen, unsere drängenden Bedürfnisse zu befriedigen, andere um uns herum zufriedenzustellen, anderen zu helfen u. s. w., treiben wir Raubbau mit unserer Energie.

Wenn ich achtsam mit mir selbst bin, nehme ich wahr, wenn ich mich überfordere, grenze ich mich ab, wenn es zu viel oder zu nah wird und finde einen guten Ausgleich zwischen der Bereitschaft, für andere da zu sein, Leistung zu erbringen und dem respektvollen Umgang mit mir und meiner Energie.

***Eine Übung dazu*** *Achte in nächster Zeit, wenn du Sport treibst oder Yoga machst, darauf, was dein Körper dir mitteilt. Reagiere achtsam, wenn er Schmerzen meldet, nicht mehr kann oder sich unwohl fühlt, indem du einen Gang zurückschaltest oder die Übung beendest. Solange es dir gut geht, kannst du auch einen Gang höher schalten.*

## *Karte 4.3* Herz-Chakra

### »Ich mag mich.«

In meinem Herzen sitzt die Seele, der göttliche Funke, der es ausmacht, dass ich lebe. Dieser göttliche Funke sitzt in jedem Lebewesen, und das verbindet uns alle miteinander.

Wenn es mir gelingt, mich mit meiner Seele, meinem wahren Selbst zu verbinden, entsteht innerer Frieden und eine grundsätzliche Akzeptanz für mich selbst. Aus dieser Selbstannahme und dem inneren Frieden heraus kommt eine unglaubliche Kraft, die es mir ermöglicht, mich zu entwickeln und zu wachsen.

***Eine Übung dazu*** *Mit der Wechselatmung kannst du die Selbstliebe fördern, weil du damit deine weiblichen und männlichen Anteile miteinander verbindest. Die Wechselatmung fängt damit an, dass du sitzend mit dem rechten Daumen dein rechtes Nasenloch verschließt und durch das linke Nasenloch einatmest. Dann verschließt du mit dem rechten Ringfinger das linke Nasenloch, öffnest gleichzeitig das rechte Nasenloch und atmest aus, bis die* *ganze Luft draußen ist und dann wieder einatmen. Du schließt mit dem Daumen wieder das Nasenloch, gibst das linke Nasenloch frei, atmest aus und wieder ein usw. Übe etwa 5 Minuten.*

---

## Karte 4.4 Herz-Chakra

### »Ich fühle mit anderen mit.«

Einfühlsamkeit und Mitgefühl sind wichtige Eckpfeiler für konstruktive Beziehungen. Einfühlsamkeit entsteht dadurch, dass ich den Fokus von mir weglenke und versuche, die andere Person aus ihrer Sicht zu verstehen und wahrzunehmen.

Trotz allem heißt das aber nicht, dass ich mit allem einverstanden sein muss. Ich fühle mich ein, versuche zu verstehen, vergesse aber nicht, dass ich nicht in der Situation der anderen Person bin und dass ich meinen eigenen Standpunkt haben darf.

Einfühlsamkeit fängt mit der Selbstwahrnehmung an. Wenn du dich in andere einfühlen willst, ist es wichtig, dass du erst einmal deine eigenen Gefühle wahrnehmen kannst. Erinnere dich an emotionale Situationen in deinem Leben und vor allem der letzten Zeit: Was fühlte ich? Welches war der Auslöser dieser Gefühle?

***Eine Übung dazu*** *Am besten fängst du jetzt gerade an und schaust mal nach, was für ein Gefühl du jetzt gerade hast und was der Auslöser für dieses Gefühl war. Anschließend kannst du Einfühlsamkeit in andere entwickeln, wenn du Menschen im Leben, in Bildern oder im Film beobachtest und dich dabei immer wieder fragst, welche Gefühle gerade diesen Menschen bewegen.*

---

## Karte 4.5 Herz-Chakra

»Ich bin im Frieden mit mir selbst.«

Die meisten Menschen sind in einem mehr oder weniger dauerhaften Krieg mit sich selbst. Sie sind unzufrieden mit sich, mit ihrer Leistung; sie ärgern sich über Fehler, die ihnen unterlaufen; sie hinterfragen sich dauernd und fordern von sich das Unmögliche.

Innerer Krieg verbraucht Unmengen an Energie und ist in den meisten Fällen der Hintergrund für Energiemangel, Dauermüdigkeit bis hin zum Burn-out.

Frieden mit sich selbst zu schließen, zur inneren Harmonie und Ruhe zu kommen, kann sich schnell positiv auf die Gesundheit und das Wohlbefinden auswirken. Die eigenen Kräfte können wieder für aufbauende Ziele eingesetzt werden. Um in den inneren Frieden zu kommen, gibt es eine bestimmte Meditationsform, die Metta-Meditation, die ich hier verkürzt erkläre und die wunderbar hilft.

***Eine Übung dazu*** *Gehe für einige Male in die Meditation und richte deine Aufmerksamkeit auf dein Herz. Wenn du dort gut angekommen bist, sprichst du langsam, innerlich immer wieder die folgenden Sätze und gibst dir die Zeit, die einzelnen Sätze nachzuempfinden:*

- *Ich wohne in meinem Herzen.*
- *Ich bin frei und glücklich.*
- *Ich lebe in Frieden.*

## Karte 4.6 Herz-Chakra

### »Ich liebe absolut.«

Absolute Liebe ist die bedingungslose Liebe. Ich liebe nicht, weil jemand meine Erwartungen und Wünsche erfüllt. Ich liebe die Welt, das Leben, die Erde, das Wasser, das Feuer, die Luft, den Geist, den Kosmos, die Lebewesen. Absolute Liebe ist das, was uns erfüllt, wenn wir uns öffnen.

Ich begründe meine Liebe nicht, sondern ich liebe grundsätzlich – auch mich selbst.

Die Haltung der absoluten Liebe zu mir selbst zeigt sich darin, dass ich mich selbst so annehme, wie ich bin, dass ich Dankbarkeit und Lebensfreude verspüre und mit vorbehaltloser Aufmerksamkeit und mit Wohlwollen in der Beziehung zur Welt und zu anderen Lebewesen bin.

Die Resonanzfarbe, die das Herz-Chakra zum Schwingen bringt, ist Grün. Verbinde deine absolute Liebe mit der Farbe Grün und gewöhne dich daran, immer wenn du Grün siehst, die absolute Liebe ins Spiel zu bringen.

***Eine Übung dazu*** *In der Natur ist es am einfachsten, absolute Liebe zu empfinden, ist es doch ein Wunder, dass z. B. Berge, Wiesen, Wälder oder das Meer so sind, wie sie sind. Gehe raus und werde dir bewusst, welche Wunder hier wirken. Das weckt die absolute Liebe.*

---

## Karte 4.7 Herz-Chakra

### »Ich bin der Ursprung der Liebe.«

Liebe und Frieden auf der Welt fängt bei mir an, in meinem Herzen. Hier wohnt die Seele, der göttliche Funke, der es überhaupt möglich macht, dass ich lebe, dass die anderen Menschen, die Tiere und die Pflanzen leben.

Wenn ich der Ursprung der Liebe bin, warte ich nicht, bis die anderen kommen und mir ihre Liebe zeigen. Ich mache den Anfang.

**Eine Übung dazu** *Du kannst in die Meditation gehen, in dein Herz und dort Liebe wahrnehmen. Lass deine Liebe ganz bewusst auf andere wirken, indem du dir vorstellst, dass deine Liebe auf die Partnerin oder den Partner, deine Kinder, Freunde, Bekannte und letztlich auch auf Menschen übergeht, die du nicht so magst.*

HALS-CHAKRA

# Offenheit und Respekt

Mein starkes Selbstwertgefühl lässt es zu, dass ich anderen und der Welt gegenüber offen und respektvoll sein kann. Ich gestatte es mir, Raum einzunehmen. Gleichzeitig kann ich ihn bewusst und freundschaftlich mit anderen teilen.

# Hals-Chakra

## *Karte 5.1* Hals-Chakra

# »Ich bin geduldig.«

Geduld gilt als weibliche Eigenschaft, die in der heutigen männlichen, schnellen, hektischen Zeit, wo sich alles in atemberaubendem Tempo verändert, meist nicht gefragt ist. Alles muss schnell gehen, das sehen wir auch an unserer Sprache. Wie oft sagen wir: »Ich muss noch schnell…« oder (besonders amüsant) »Warte noch schnell…«.

Wenn ich geduldig bin, darf ich meinem Körper und meinem Geist Zeit geben, um sich von einer Anstrengung oder einer Krankheit zu erholen. Ich lasse mir selbst, den Menschen, Pflanzen und Prozessen Zeit, sich zu entwickeln, zu wachsen. Im Gespräch mit anderen warte ich mit meiner Antwort, bis der andere ausgesprochen hat.

## Geduld bringt innere Ruhe und Kraft

Verständnis für andere und Einfühlsamkeit sind eine gute Grundlage für Geduld. Es sind nicht alle so schnell im Denken, beim Autofahren, beim Reden wie du! Manche brauchen einfach mehr Zeit und dafür kann ich Geduld aufbringen, wenn ich eine einfühlsame, verständnisvolle Haltung einnehme.

Wenn du dich in Geduld übst, bringt dir das innere Ruhe und Kraft, zudem stärkt es deine Ausdauer. Kleine Kinder sind eine gute Lernchance: Sie brauchen für alles länger, z.B. beim Gehen, denn da sind doch so interessante Steine auf dem Weg, ein Wurm oder eine Schnecke, die beobachtet sein müssen.

***Eine Übung dazu*** *Beobachte, in welchen Situationen du mit dir oder anderen ungeduldig wirst. Packe die Chance, versuche, Verständnis und Einfühlsamkeit aufzubringen und übe dich in Geduld.*

---

## **Karte 5.2** Hals-Chakra

### »Ich bin wertvoll.«

Nur schon die Einsicht, dass ich einzigartig bin, dass es niemanden auf der Welt gibt, der gleich ist, dass es mich noch nie gegeben hat und auch nicht mehr geben wird, sollte die Überzeugung stärken, dass ich wertvoll bin.

Nicht weil ich besser bin als andere, nicht weil ich Außerordentliches leiste oder viel besitze, bin ich wertvoll, sondern allein dadurch, dass ich bin.

***Eine Übung dazu*** *Versuche einmal zu überlegen, wer du bist. Möglicherweise wird dir zuerst dein Beruf in den Sinn kommen, deine Familie, dein Besitz, also das, was du tust oder hast. Aber wer bist du? Sich den Satz zu sagen »Ich bin ich und ich bin wertvoll«, ohne sich auf das, was man tut oder was man hat, zu beziehen, ist eine recht schwierige Aufgabe. Räuchern mit Salbei kann dich darin unterstützen, weil es das Hals-Chakra aktiviert.*

---

## Karte 5.3 Hals-Chakra

»Ich bin ehrlich.«

Ehrlich bin ich, wenn ich mich so zeigen kann, wie ich bin. Ich gestatte es mir, Schwächen zu haben und diese auch zu zeigen, genauso wie ich auch zu meinen Stärken stehen und diese zeigen darf. Ich stehe zu dem, was ich denke, und sage es auch; nicht schonungslos verletzend, sondern auf eine einfühlsame, wertschätzende und wohlwollende Art und Weise. Ich mache meine Absichten und Motive transparent. In erster Linie bin ich aber mir selbst gegenüber ehrlich, mache mir nichts vor und bin bemüht, aus Fehlern zu lernen. Dazu gehört Selbstbeobachtung. Sich selbst zuzuschauen, zuzuhören und selbstkritisch, aber nicht destruktiv zu hinterfragen: »Finde ich das gut? Ist das ehrlich?«

**Eine Übung dazu** *Mit einem guten Selbstwertgefühl kannst du auch ehrlich und authentisch sein. Meditiere in dein Hals-Chakra, indem du dir an der engsten Stelle des zentralen Körpers Raum gibst. Dadurch aktivierst du Kräfte, die es dir immer mehr ermöglichen, offen und ehrlich zu sein.*

---

## Karte 5.4 Hals-Chakra

»Ich bin fair – auch mir gegenüber.«

Gerecht und rücksichtsvoll ist meine Sicht von Fairness.

Gerecht heißt nicht, dass ich alle gleich behandeln muss, wie das oft gesagt wird. Gerecht heißt für mich, dass jeder von mir bekommt, was er oder sie braucht. Die eine Person braucht mehr Zuwendung als die andere, mehr Unterstützung als andere, mehr Rücksichtnahme als andere, mehr Freiheit als andere, mehr Herausforderung als andere.

Alle gleich zu behandeln ist Gleichmacherei und wird der Individualität, den unterschiedlichen Voraussetzungen der Menschen nicht gerecht. So verstehe ich Fairness nicht.

Wenn ich mir selbst gegenüber fair bin, bedeutet das in erster Linie, dass ich nachsichtig mit mir bin, dass ich mir auch Fehler verzeihe und dass ich das gebe, was ich zu geben imstande bin. Ich respektiere meine Grenzen genau so, wie ich die der anderen respektiere.

***Eine Übung dazu*** *Überlege dir, in welchen Situationen du dich aufopferst, grenzenlos bereit bist, alles zu geben. Wäre es möglich, dass du dir Unterstützung holst, dass du Aufgaben delegierst?*

## Karte 5.5 Hals-Chakra

### »Ich schenke mir meinen Raum.«

Ich darf Raum und Zeit für mich beanspruchen, mir Raum geben für das, was mir guttut: für das Loslassen, um locker zu werden, um mich auszuruhen, um zu meditieren. So kann ich Energie tanken, damit ich auch wieder auf eine gesunde Art und Weise Leistungen bringen kann.

Das Thema ist aber auch im Zusammensein mit anderen Menschen wichtig. Bin ich auch hier bereit, mir den Raum zu nehmen, damit ich erzählen kann? Oder ziehe ich mich zurück und lasse mich vollquatschen von Menschen, die nicht merken, dass sie den ganzen Raum für sich beanspruchen? Gleichzeitig sollte ich aber auch bereit sein, der anderen Person genügend Raum zu geben.

Im Gespräch – auch wenn es nur ein Small Talk ist – gebe ich der anderen Person Raum, wenn ich mich für sie interessiere, Fragen stelle und mich auf sie einlasse. Das Gespräch wird dann ausgewogen, wenn alle Beteiligten erleben dürfen, dass sich die anderen auf sie einlassen. In besonderen Situationen kann es nötig sein, dass ein Mensch unsere ganze Aufmerksamkeit bekommt, dass ich ihm den ganzen Raum gebe.

## Das dynamische Gleichgewicht

Besonders wichtig ist die Raumfrage in Partnerschaften und in Arbeits- oder Freizeitteams. Dürfen beide PartnerInnen, darf jedes Teammitglied Raum für sich beanspruchen? Schön ist es, wenn – falls es nötig ist – mal der eine und mal der andere mehr Raum für sich in Anspruch nehmen kann und wenn das Verhältnis auf längere Sicht ausgewogen ist. Wir sprechen hier vom dynamischen Gleichgewicht.

In gesunden Konstellationen hat jeder und jede genug Raum und Freiheit zum Atmen, um sich auszudrücken, um Ängste, Bedürfnisse und Werte ins Spiel zu bringen.

***Eine Übung dazu*** *Überlege dir, in welchen Situationen du zu wenig Raum bekommst, und nimm dir vor, bei nächster Gelegenheit aktiv zu werden und den dir zustehenden Raum einzunehmen. Überlege dir schon vor dem Gespräch, mit welchem Thema du das tun willst und wie du andere Personen freundlich stoppst, wenn sie wieder anfangen, den Raum zu* *füllen, unter Umständen auch geradlinig: »Ich möchte, dass du mir zuhörst.«*

---

## Karte 5.6 Hals-Chakra

### »Ich freue mich über Erfolge von anderen.«

Ich freue mich, wenn ich Erfolg habe, und es tut meinem Selbstwertgefühl gut. Genauso gut tut es auch anderen Personen, wenn sie Erfolg haben und wenn der Erfolg von anderen wahrgenommen wird.

Oft haben wir den Kanal für Defizite, Misserfolge und Fehler offen. Das bringt schlechte Laune, Selbstkritik oder Nörgelei.

Bemerke es, wenn du es gut machst. Freue dich über deine Erfolge. Das ist die Grundlage dafür, dass du dich auch über die Erfolge von anderen freuen kannst. Wenn du deine eigenen Erfolge nicht siehst, wirst du schnell einmal neidisch, wenn andere Erfolg haben.

***Eine Übung dazu*** *Überlege einmal: Wer in deinem Umfeld hatte in letzter Zeit einen, wenn auch nur kleinen Erfolg? Hast du ihm deine Freude darüber mitgeteilt? Sind bei dir Kritik und Lob von anderen und von dir selbst im Gleichgewicht?*

---

## **Karte 5.7** Hals-Chakra

»Ich grenze mich ab.«

Es ist wohltuend, wenn du grundsätzlich offen, vertrauensvoll und hilfsbereit bist. Für deine Gesundheit ist es jedoch wichtig, dass du dich auch abgrenzen kannst und das ohne schlechtes Gewissen.

Wer sich nicht abgrenzt, läuft Gefahr, dass er ausbrennt. Wir haben nicht grenzenlos Energie zur Verfügung und ein »Nein« kann uns vor Überforderung schützen. Oftmals sagen wir »Ja«, wenn wir eigentlich lieber »Nein« sagen möchten. Einfach, um nicht die Böse zu sein oder aus dem Wunsch heraus geliebt zu werden.

## Respekt vor Grenzen

Bereits früh haben wir gelernt, Liebe mit Leistung zu verknüpfen, denn schon als feinfühliges Kind haben wir bemerkt, dass uns die Eltern oder andere Bezugspersonen mehr liebten, wenn wir »lieb« waren und eine gute Leistung brachten. Schön ist es, wenn wir erfahren, dass wir auch ohne Gegenleistung geliebt werden.

Auch sonst kann es wichtig sein, sich abzugrenzen, z. B. dann, wenn Übergriffe geschehen, wenn sich jemand in meine Situation einmischt, ohne dass ich ihn dazu eingeladen habe. Ungefragte Ratschläge und Meinungen über mich sind typische Einmischungen, auch Personen, die ungefragt meine Räume verschönern, meine Küche aufräumen oder mir Kunstwerke in den Garten stellen.

Umgekehrt solltest du achtsam sein, die Grenzen anderer Menschen zu respektieren, indem auch du nur Ratschläge gibst oder Meinungen über die andere Person abgibst, wenn du gefragt wirst und auch deren Räume, z. B. diejenigen der eigenen Kinder, respektierst.

***Eine Übung dazu*** *Das Abgrenzen kannst du dir bewusst machen, wenn du klar zwischen mein und dein unterscheidest: Meine Meinung – deine Meinung, mein Raum – dein Raum, mein Leben – dein Leben. Übe diese Haltung in deinen nächsten Begegnungen.*

STIRN-CHAKRA

# Öffnung des Geistes

Im Geist ist alles möglich. Die Grenzen setze ich mir selbst. Dies kann vernünftig, jedoch häufig auch selbsteinengend sein. Im Geist ist es ebenfalls möglich, die selbst gemachten Grenzen zu hinterfragen und sich Freiheit zu gewähren.

# Stirn-Chakra

## Karte 6.1 Stirn-Chakra

»Mein Geist ist klar und fokussiert.«

Auf etwas konzentriert zu bleiben, im Gespräch beim Thema zu bleiben, ist nicht immer ganz einfach. Zu groß sind heute oft die Ablenkungen, zu sehr haben wir in unserer Kultur gelernt, für alles aufmerksam zu sein, was ja heute durchaus auch eine hilfreiche Eigenschaft ist. Sie führt jedoch dazu, dass wir oft auch mehrere Dinge gleichzeitig erledigen wollen oder müssen.

Innere und äußere Unruhe erschweren zusätzlich die Konzentration auf eine Sache.

Wenn es uns gelingt, eins nach dem anderen zu denken, zu erledigen, an einem Thema dran zu bleiben, sind wir fokussiert. Der Druck und die Hektik fallen von uns ab, es passieren weniger Fehler und wir verbrauchen weniger Energie.

## Lernen von der indischen Philosophie

Sehr schön beschreibt dies die Samkhya-Philosophie (eine der sechs indischen Philosophien), die drei Geistesqualitäten unterscheidet:

***Sattva*** Der Geist ist wach, klar, ruhig und unterscheidungsfähig. Er kann z. B. zwischen dem, was Lust macht, und dem, was gesund ist, unterscheiden; zwischen dem, was dringend ist, und dem, was wichtig ist.

***Rajas*** Der Geist ist aktiv, beteiligt, beweglich und leidenschaftlich.

***Tamas*** Der Geist ist träge, vernebelt und schwer.

Im heutigen Leben oszillieren die meisten Menschen zwischen Rajas und Tamas hin und her; d. h. sie sind entweder aktiv, hektisch unterwegs oder müde und träge. Das ist völlig verständlich, denn das Leben verlangt von uns immer mehr, dass wir dynamisch, beweglich und grenzenlos belastbar sind. Die logische Folge davon ist, dass wir abends müde sind und uns nicht mehr zu einer Tätigkeit oder zum Ausgehen aufraffen können.

Was bei vielen Menschen auf der Strecke bleibt, ist die sattvige Qualität des Geistes, die innere Klarheit, die Ruhe, die Fokussierung. Dies ist dramatisch, denn aus dem sattva kommt die Erkenntnis, kommen neue Ideen, kommt das, was unser Wachstum fördert. Also müssen wir die sattvige Qualität in unser Leben hineinbringen, wenn wir fokussiert und klar sein wollen.

***Eine Übung dazu*** *Schließe deine Augen für 5 Minuten und atme bewusst sanft durch deine Nase ein und aus. Mache nichts anderes, als dich auf den Punkt zwischen den Augenbrauen zu konzentrieren. Sobald Gedanken kommen, atme sie aus. Wiederhole diese einfachste Meditation täglich – am besten morgens nach dem Aufstehen – und dein Geist wird klarer und fokussierter sein.*

---

## Karte 6.2 Stirn-Chakra

»Ich lebe im Hier und Jetzt.«

Nur im »Hier und Jetzt« kannst du etwas tun! Was vorbei ist, ist vorbei. Dann gibt es nichts mehr zu tun. Was kommt, kommt früh genug, lässt aber in diesem Moment auch keine Handlung zu. Eigentlich ist das einfach und logisch.

Trotzdem schicken wir unser Bewusstsein andauernd in die Vergangenheit, machen uns Sorgen, ob unser Verhalten damals richtig war, ärgern uns darüber, was jemand damals gesagt, nicht gesagt, uns angetan hat etc. Oder wir schicken unsere Gedanken in die Zukunft, machen uns Sorgen über unseren bevorstehenden Flug, denken an die Ungewissheit unserer Zukunft oder ängstigen uns über ungelegte Eier.

In der Vergangenheit zu hängen löst oft Wehmut aus nach dem Prinzip »früher war alles besser«. Oder es kommen gar Trauer und Ärger hoch über andere oder sich selbst. Wenn wir die Gedanken in die Zukunft schicken, ist dies oft mit Sorgen und Ängsten verbunden; Angst vor dem Ungewissen.

## Nur im »Hier & Jetzt« können wir handeln

Wenn es uns gelingt, mehr im »Hier und Jetzt« zu sein, sind wir präsent, aufmerksam und handlungsfähig. Wir können mit ganzer Energie entscheiden und anpacken.

Klar ist es manchmal wertvoll, in die Zukunft zu schauen, um vorausschauende Entscheidungen treffen zu können. Klar ist es manchmal wichtig, an vergangene Erfahrungen zu denken, um daraus etwas zu lernen. Dies geschieht aber immer im Kontext zum Hier und Jetzt, zur Unterstützung einer Handlung. Was verhängnisvoll ist und Trauer oder Ängste verursacht, ist das emotionale Festhalten an der Vergangenheit oder die andauernde Beschäftigung mit einer unbestimmten Zukunft mit allen möglichen und unmöglichen Szenarien und Horrorvorstellungen.

Jeder Atemzug ist im Hier und Jetzt. Wenn du dich regelmäßig ganz auf deinen Atem konzentrierst, lernst du mehr, im Hier und Jetzt zu sein.

***Eine Übung dazu*** *Die oben beschriebene Erfahrung machst du am besten, wenn du dich hinsetzt, die Augen schließt und dich auf nichts anderes als auf deine Nase konzentrierst, durch die du atmest. Wenn du ganz genau hinspürst, bemerkst du, dass deine Nase beim Einatmen kühl, beim Ausatmen warm wird. Beobachte dieses Phänomen einige Atemzüge lang und sei im »Hier und Jetzt«.*

## Karte 6.3 Stirn-Chakra

### »Ich bin bereit, Grenzen zu überschreiten.«

Grenzen geben Struktur und damit Sicherheit. Je enger jedoch Grenzen sind, desto mehr büßen wir an Beweglichkeit ein.

Wir haben äußere Grenzen, wie z. B. Gesetze und gesellschaftliche Normen, die das Zusammenleben organisieren, definierte Prozesse, welche qualitativ gute Arbeit und Zusammenarbeit ermöglichen sollen. Jeder Mensch hat aber auch innere Grenzen, die ihm in seinem Denken und Verhalten gewisse Dinge erlauben und andere Dinge nicht. Dann gibt es auch Bezugspersonen, Ehepartner, Chefs oder Eltern, die uns ebenfalls ausgesprochene, aber auch unausgesprochene Grenzen vorgeben.

Das Gute an all diesen Grenzen ist, dass sie unser Zusammenleben und -arbeiten regeln und – wenn sie eingehalten werden – auch Sicherheit geben. Sie erleichtern uns auch Entscheidungen, indem sie uns eine Richtung vorgeben.

## Grenzen zu überschreiten ermöglicht neue Erfahrungen

Viele, vor allem eigene innere Grenzen verhindern aber auch unsere Entfaltung, was oftmals sehr schade ist. Wir erlauben uns gewisse Dinge nicht und berauben uns damit möglicherweise für unser Wachstum wichtiger Erfahrungen.

Ich plädiere daher dafür, dass wir unsere inneren, aber auch gewisse äußere Grenzen hinterfragen, dass wir uns die Chance geben, Grenzen mal zu überschreiten und Erfahrungen zu machen. Dies bereichert das Leben.

Ein Zitat, welches Coco Chanel zugeschrieben wird, drückt dies wunderbar aus: »Ich bereue nichts im Leben – außer das, was ich nicht getan habe.«

Mein eigener Satz dazu lautet: »Sei nicht gehorsam – folge deinem Herzen«. Betrachte alles auf dieser Welt als Gottesgeschenk, genieße es in diesem Sinne und erfahre dadurch das Göttliche. Gib dir die Freiheit, Neues auszuprobieren, sprenge deine inneren Grenzen, mache Erfahrungen und beurteile erst hinterher, ob das eine bereichernde oder eine Erfahrung war, die nichts für dich ist.

***Eine Übung dazu*** *Sprich in den nächsten Tagen eine wildfremde Person an, der du gerade begegnest, und mache ihr ein Kompliment für etwas an ihr, das deine Aufmerksamkeit erregt hat und dir gefällt, z. B. ein besonders schönes Kleid, eine berührende Handlung, eine außerordentlich freundliche Bedienung, ein interessantes Buch, das diese Person liest. Du wirst eine neue Erfahrung machen.*

---

## Karte 6.4 Stirn-Chakra

»Ich nutze meine Vorstellungskraft.«

Wir Menschen haben ein unglaubliches Potenzial, das wir eigentlich viel zu wenig nutzen: unsere Vorstellungskraft, auch Phantasie genannt.

Es ist die kreative Fähigkeit, eine raumzeitliche Innenwelt zu schaffen. Ich kann mich geistig in eine andere Zeit und in einen anderen Raum versetzen, auch in imaginäre Zeiten und Räume.

Wenn wir uns von selbst gemachten Grenzen befreien und unsere Fantasie nutzen, wird bisher Undenkbares möglich, was letztlich die Basis für neue Problemlösungen und Verhaltensweisen ist.

Ich kann sogar noch weiter gehen und meine Vorstellungskraft für erfolgreicheres Verhalten oder für die innerliche Bekämpfung von Krankheitserregern einsetzen. Wir nennen das Visualisierung.

Letztlich ist auch der Placebo-Effekt hier einzureihen, der besagt, dass Vorstellung und Glaube, dass ein Medikament nützt, einen Einfluss auf die tatsächliche Wirkung des Mittels hat, auch wenn es gar kein chemisches Präparat ist. Der Satz »Nutze deine Vorstellungskraft« auf der dazugehörigen Chakra-Karte ist der Aufruf zu lernen, seinen Geist zu steuern, ihn vielfältiger und optimal zu nutzen.

***Eine Übung dazu*** *Du kannst eine Visualisierungsübung machen: Stelle dir vor deinem geistigen Auge etwas vor, was du können möchtest, was dir aber auch etwas Angst macht, oder was du dir nicht so ganz sicher zutraust.*
*Visualisiere nun innerlich sehr genau und detailliert, wie du in der Situation bist: Wie sieht es dort aus? Wer ist da? Was tue ich? Und stelle dir dann vor,*

*dass dir das Vorhaben gelingt. Wie fühlst du dich? Wenn du die Augen wieder geöffnet hast, schreibe in der Gegenwartsform auf, was dir gelungen ist und welche Gefühle du bei diesem Erfolg hattest.*
*Z.B. Wenn ich den Vortrag halte, bin ich glücklich, zufrieden und gelöst. Wiederhole das Experiment ein paarmal. Und immer, wenn du diese Gefühle wahrnimmst, bringst du Daumen und Zeigefinger einer Hand ringförmig zusammen. Wenn du ausreichend oft geübt hast und dann real in die entsprechende Situation kommst, reicht es, dass du Daumen und Zeigefinger in der o.g. Art zusammenbringst; dann stellen sich die positiven Gefühle automatisch ein.*

---

## Karte 6.5 Stirn-Chakra

»Auch nicht erklärbare Phänomene haben für mich Bedeutung.«

Wir haben den inneren Drang, alles erklären zu müssen, denn eine Erklärung schließt den Bogen zwischen einem Ereignis und dessen Ursache. Dies löst Anspannung auf.

Eine Fernsehübertragung eines spannenden Fußballspiels, die fünf Minuten vor Schluss wegen technischer Defekte abbricht, bringt uns in Rage, weil wir den Abschluss verpasst haben. Genauso lässt es uns nicht in Ruhe, wenn uns etwas nicht mehr in den Sinn kommt, wie beispielsweise der Name unseres letzten Ferienortes. Wir unternehmen alles, um die Spannung abzubauen.

Phänomene, für die es keine Erklärung gibt, hinterlassen bei uns genauso eine Spannung. Um diese Spannung abzubauen, suchen wir nach Erklärungen, auch wenn dies hoffnungslos ist, weil die Zusammenhänge diffus und viel zu komplex sind, als dass wir sie durch simple, lineare Ursache-Wirkungs-Zusammenhänge erklären könnten. Nicht selten konstruieren wir dann eine versimpelte Ursache-Wirkungs-Kette, nur um Spannung abzubauen, wie beispielsweise, wenn man dem Vater oder der Mutter Schuld zuschiebt, wenn bei einem Menschen etwas schiefläuft. So einfach ist das Leben nicht!

## Ich lasse mich verzaubern

Manchmal tut es gut, Ereignisse und Phänomene einfach anzunehmen, ernst zu nehmen, sich verzaubern zu lassen. Anstatt den Blick nach hinten und auf mögliche Ursachen zu richten, lenken wir die Aufmerksamkeit auf den Moment und nach vorne. Das öffnet Türen für Erkenntnisse, Verbesserungen und das Übernehmen von Selbstverantwortung.

***Eine Übung dazu*** *Schau einem Zauberer zu, lasse dich begeistern, verzaubern durch seine Kunst, ohne zu fragen, wie er das macht, was für ein Trick dahintersteckt. Schau ein abstraktes Bild an, lasse dich durch die Komposition, die Farben und Formen, ohne zu bewerten, beeindrucken, ohne zu fragen, was das wohl darstellen soll. Gib dich als Experiment, ohne zu bewerten, Dingen, Erlebnissen und Erfahrungen hin, auch wenn sie für dich keinen Sinn machen. Erfahre sie, so lernst du Phänomene anzunehmen.*

---

## Karte 6.6 Stirn-Chakra

»Ich öffne mich der höheren Intelligenz.«

Es gibt eine übergeordnete Intelligenz und Gesetze der Natur, die über Erkenntnisse der Physik und der

Biologie hinausgehen, die den Gang der Welt regeln, denen auch wir als Menschen unterliegen.

Wenn es mir gelingt, diese Quellen mit wacher Intuition anzuzapfen, finde ich einen gesunden Lebensweg, der meine Selbstheilungskräfte aktiviert. Ich fälle wachstumsfreundliche Entscheidungen.

Den Weg zur höheren Intelligenz finde ich, wenn ich mein Ego, die innere Kraft, die auf unmittelbare Bedürfnisbefriedigung und Angstvermeidung aus ist, sowie meinen übertriebenen Intellekt, die lineare Logik und die damit verbundenen Werte und Gefühle einschränke.

## Schaffe Raum für deine Intuition

Ich möchte nicht falsch verstanden werden: Natürlich finde ich Intellekt sehr wichtig, und ich finde es auch selbstverständlich, dass jemand seine Bedürfnisse befriedigen und angstmachenden Situationen aus dem Weg geht. Was jedoch den Weg zur höheren Intelligenz versperrt, ist die allgegenwärtige Übertreibung dieser beiden Aspekte.

Hast du den Stellenwert deines Egos und deines Intellekts etwas relativiert, macht dies den Platz für deine Intuition frei, die den Weg zur höheren Intelligenz öffnet.

Ego und Intellekt zusammen mit der natürlichen Intuition, die jedem Lebewesen innewohnt, sind ein gutes Gespann für die Wahrnehmung der Welt und für gesunde Entscheidungen.

***Eine Übung dazu*** *Meditiere ins Stirn-Chakra. Dies öffnet mit der Zeit die Tore zur Weitsicht. So kannst du dich auch von einem übertriebenen Ego und vom Diktat der strengen Logik befreien. Nun gibt es Raum für die Intuition, die jedem innewohnt.*

---

## Karte 6.7 Stirn-Chakra

»Ich bin mehr als mein grobstofflicher Körper.«

Ich bin die Person, die ich im Spiegel oder auf Fotografien sehe und die möglicherweise Bauchschmerzen hat. Ich bin aber auch die Person, die träumt, sich am Leben freut, die eine Ausstrahlung und damit eine Wirkung auf andere Lebewesen hat. Ich bin eine Person, die eine Seele hat, die im Herzen wohnt und aus vedischer Sicht göttlich ist, deshalb perfekt und unveränderbar, somit auch nicht verletzt werden kann. Die Seele ist einfach da und sie macht es aus, dass wir leben.

Bist du dir bewusst, dass du mehr bist als dein grobstofflicher Körper? Mit deiner Strahlkraft hast du eine Wirkung. Fühlst du dich sicher, strahlst du Sicherheit aus. Menschen und Tiere begegnen dir anders, als wenn Zweifel und Ängste deine Ausstrahlung prägen.

Innere Ruhe, innerer Frieden, führen zu einer besonderen Ausstrahlung, die Räume füllen und auf andere Menschen beruhigend wirken kann.

***Eine Übung dazu*** *Stelle dir mit geschlossenen Augen vor, dass du ins Stirn-Chakra atmest. Mache diese Übung jeden Tag 5 Minuten lang. Achte darauf, dass du immer vollständig ausatmest, bevor du wieder kurz einatmest. Mit etwas Übung kannst du so deine Aura stärken und gewinnst so an Ausstrahlung. Vor allem vor wichtigen Gesprächen, Auftritten vor Publikum, in sportlichen Wettkämpfen oder in Prüfungen kann dies matchentscheidend sein.*

KRONEN-CHAKRA

# Verbundenheit

Wenn ich mich in meinem tiefsten Inneren mit allem und jedem verbunden fühle, wächst meine Verbindlichkeit. Ich übernehme Mitverantwortung und weiß, dass meine Präsenz und meine Handlung eine Wirkung haben.

# Kronen-Chakra

## Karte 7.1 Kronen-Chakra

»Ich bin ein Teil des Ganzen,
das Ganze ist ein Teil von mir.«

Ein Mobilé illustriert diese Aussage am besten: Verschiedene Objekte sind mit Stängelchen und Schnüren im Gleichgewicht miteinander verbunden. Bewegt sich eines der Objekte, bewegt sich das ganze Gebilde und kommt mit der Zeit wieder ins Gleichgewicht.

Genauso verhält es sich mit unserer Welt. Ich bin ein Teilchen in dieser Welt, und es ist nicht egal, ob es mich gibt, ob ich mich bewege oder in Ruhe bin. Bewege ich mich, bewegt sich die Welt und sucht ein neues Gleichgewicht. Bewegt sich die Welt, muss ich mich selbstverständlich auch bewegen, damit das Gleichgewicht erhalten bleibt.

Selbstverständlich ist es schwierig bis unmöglich, dies als Einzelfigürchen unter Milliarden von Lebewesen wahrzunehmen. Umso wichtiger ist es, sich diesen Umstand immer wieder zu vergegenwärtigen.

***Ich bin ein Teil des Ganzen – und das Ganze ist ein Teil von mir.***

## Interdependentes Verhalten

Wenn wir nun »die Welt« in eine überschaubarere Dimension verdichten, können wir die Familie oder die Zweierbeziehung nehmen. Ich bin ein Teil der Familie, der Partnerschaft und die Familie oder die Partnerschaft ist ein Teil von mir. Hier sind diese Zusammenhänge schon konkreter wahrnehmbar.

Natürlich wissen wir, dass es so ist, wie eben beschrieben. Die Frage ist nur, ob dieses Wissen bei uns zur verhaltensbestimmenden Erkenntnis geworden ist, oder ob wir uns immer noch so verhalten, als gäbe es nur uns und die anderen, und jeder muss für sich selbst sorgen.

Die wahre Erkenntnis, dass ich ein Teil des Ganzen bin und dass das Ganze ein Teil von mir ist, führt zu grundsätzlich interdependentem Denken und Verhalten, d. h. verantwortungsbewusstem Verhalten, das vom Bewusstsein der gegenseitigen Abhängigkeit geprägt ist.

***Eine Übung dazu*** *Rufe dir ins Bewusstsein, in welchen Gruppen, Arbeits- oder Freizeitteams du bist oder dass du Teil einer Partnerschaft oder Familie bist. Vergegenwärtige dir die gegenseitigen Abhän-*

*gigkeiten. Was wäre, wenn jemand austritt, wenn jemand sich nicht an die Regeln hält, sich plötzlich anders verhält als bisher? Du wirst merken, dass sich das ganze Gefüge neugestalten muss, um wieder ins Gleichgewicht zu kommen. Im Grunde genommen bleibt niemand unberührt von Bewegungen.*

---

## Karte 7.2 Kronen-Chakra

»Meine Präsenz hat eine Wirkung.«

Ich habe eine Ausstrahlung, die auf andere Lebewesen wirkt, auch wenn ich nicht rede. Ist meine Ausstrahlung lebendig, zuversichtlich, ist die Chance groß, dass diese sich auf die anwesenden Personen, aber auch auf Tiere und sogar Pflanzen überträgt.

Ist die Ausstrahlung mechanisch, von Routine geprägt, wenn ein Patient nach dem anderen behandelt werden muss, ein Kunde nach dem anderen »abgefertigt« werden muss, bleibt die Situation trocken und wenig nachhaltig.

Wenn wir uns im Klaren sind über die ausschlaggebende Wirkung unserer wachen, lebendigen Präsenz, können wir viel tun, um unsere Wirkung selbst zu beeinflussen.

***Eine Übung dazu*** *Du kannst deine Präsenz verstärken, indem du regelmäßig ins Kronen-Chakra meditierst und dich mit der übergeordneten Kraft verbindest. Der Duft von Weihrauch kann dich dabei in eine gute Stimmung und geistige Klarheit versetzen. Wenn du Weihrauch nicht magst, kannst du auch Myrrhe oder Sandelholz zum Räuchern nehmen.*

---

## Karte 7.3 Kronen-Chakra

»Ich trage zum Frieden in der Welt bei.«

Mit dir selbst im Frieden zu sein bedeutet, dass du in der Ruhe sein und deine Energie voll und ganz deinen Mitmenschen und deiner jeweiligen Tätigkeit zur Verfügung stellen kannst.

Wenn du im Unfrieden, im inneren Krieg bist, weisen deine Kräfte in gegensätzliche Richtungen. Du blockierst dich selbst. Du musst dich überwinden, bist von Selbstzweifeln oder Selbstvorwürfen geplagt. Dies alles erfordert – wie übrigens jeder Krieg – einen sehr hohen Energieaufwand, der im besten Fall nichts bringt, im Normalfall jedoch viele gesundheitliche Schäden anrichtet.

Den inneren Frieden kannst du finden, wenn du dir täglich etwas Zeit schenkst, um zur Ruhe und Gelöstheit zu kommen.

***Eine Übung dazu*** *»Schenke« dir 5 Minuten für die folgende Übung – das ist friedlicher, als wenn du dir die Zeit »nimmst«.*
*Atme rhythmisch in den Unterbauch ein und aus. Stelle dir dabei mit geschlossenen Augen das Hin und Her von sanften Wellen am Meeresufer vor, das Rauschen und den Duft des Meeres. Diese Übung kann dich gut darin unterstützen, die innere Ruhe und den inneren Frieden zu finden.*

## Karte 7.4 Kronen-Chakra

»Ich begegne anderen mit Toleranz.«

Wie vielen Menschen und Tieren bist du in der letzten Woche begegnet? Wie viele waren böse, destruktiv und unangenehm? Wahrscheinlich die wenigsten, wenn du nicht gerade eine ganz schlechte Woche erwischt hattest.

In Tat und Wahrheit haben die allerwenigsten Menschen und Tiere Ungutes im Sinn. Also sind übertriebene Zurückhaltung, Vorsicht und Alarmbereitschaft fehl am Platz.

Du kannst Situationen durch deine Einstellung und dein Verhalten beeinflussen. Wenn du Menschen und Tieren mit Offenheit, Vertrauen, Mitgefühl und Toleranz begegnest, erhöhst du die Wahrscheinlichkeit, dass dir Ähnliches widerfährt. Man ist dir dankbar, dass du in freundschaftlicher Absicht wirkst, und diese Dankbarkeit spiegelt sich in der Art und Weise, wie man mit dir umgeht.

Dies ist nicht der Aufruf zur Naivität! Selbstverständlich bleiben wir bei allem Vertrauen, Mitgefühl und aller Toleranz aufmerksam und intelligent, damit wir wahrnehmen können, wenn unser Beziehungsangebot missbraucht wird. Auch in solchen seltenen Situationen können wir konstruktiv bleiben und die andere Person auf ihr Verhalten ansprechen, um wieder in eine konstruktive Fortsetzung zu kommen. Als letzte Möglichkeit bleibt uns da die Abgrenzung.

***Eine Übung dazu*** *Versuche mit Menschen aus einer anderen Generation ins Gespräch zu kommen, zu erfahren, wie diese Menschen denken, welche Hoffnungen, Vorstellungen, Ängste, Motive und Werte sie haben. Versuche, diese Menschen ohne zu bewerten und ohne eine Meinung zu äußern, einfach zu verstehen. Frage nach, versuche sie aus ihrer Sicht zu verstehen, und du wirst erleben, dass deine Einfühlsamkeit und Toleranz wachsen.*

## Karte 7.5 Kronen-Chakra

### »Ich vertraue darauf, dass es gut kommt.«

Ob wir sie Gott oder mit einem anderen Namen nennen, Schicksal oder Kraft des Universums, ist eigentlich egal. Das Vertrauen in eine übergeordnete Kraft, die dafür sorgt, dass es so kommt, wie es kommen muss, kann eine sehr beruhigende, vertrauensbildende Wirkung haben. Letztlich können wir dies als Spiritualität bezeichnen.

Spiritualität gibt Zuversicht, innere Sicherheit und Ruhe.

Nicht Fatalismus ist hier gemeint, Fatalismus nach dem Prinzip: »Gott wirds schon richten, da muss ich gar nichts tun«.

Spiritualität nimmt mich in die Verantwortung, mein Leben im Vertrauen auf die übergeordnete Kraft selbst zu bestimmen, Entscheidungen zu fällen und ins Handeln zu kommen.

***Eine Übung dazu*** *Nimm einen Bergkristall, möglichst natürlich und ungeschliffen zu dir in die Tasche, immer griffbereit. Verwende ihn in deiner Hand als Antenne zur übergeordneten Kraft. Gerade in belastenden, traurigen Lebenssituationen kann dir dieser Kontakt wertvolle Einsichten, aber auch Zuversicht schenken.*

---

## Karte 7.6 Kronen-Chakra

»Ich kenne den Sinn meines Lebens.«

Der Sinn des Lebens ist – aus meiner Sicht – Wachstum. Pflanzen, Tiere und Menschen haben die Aufgabe zu wachsen und alles für ihr Wachstum und Überleben zu tun, denn Wachstum ist im Plan der Natur und wir sind ein Teil der Natur.

Wenn du die Natur beobachtest, siehst du, dass die Pflanzen nicht stetig wachsen, sie unterliegen dem Rhythmus von Expansion und Konzentration. Im Frühjahr sprießen die Knospen, im Sommer reifen die Früchte, das ist Expansion. Im Herbst lassen die Bäume die Blätter fallen, ziehen ihre Säfte zurück und gehen in die Winterruhe. Das ist Konzentration.

## Überall ist Expansion – Konzentration

Den Rhythmus von Expansion und Konzentration beobachten wir überall: Einatmen – Ausatmen, Wachstum – Stagnation, die Herztätigkeit, der Menstruationszyklus, die Fortbewegung von Amöben. Alles geschieht durch Konzentration und Expansion. So sind z. B. auch Yogaübungen aufgebaut.

Du bist, wenn du gesund lebst, im Rhythmus von Expansion und Konzentration. Dies sowohl im Wachzustand als auch im Schlaf. Rhythmus ist ein Wechsel, der nicht unbedingt gleichförmig sein muss. Ich brauche also nicht gleich viel Konzentration wie Expansion; es soll einfach eine regelmäßige Abwechslung stattfinden.

Du bist deinem Wachstum, dem Sinn des Lebens, verpflichtet. Das bedeutet, dass es deine Aufgabe ist, dein Wachstum zu fördern, indem du das tust, was gesund ist und nicht nur das, was dir gerade Lust macht. Dein Rhythmus ist Aktivität (Expansion) und Ruhe (Konzentration).

***Eine Übung dazu*** *Beobachte dich selbst, ob du in einem guten Rhythmus von Expansion und Konzentration bist.*
*Sorge bewusst dafür, dass diese beiden Ausrichtungen in deinem Leben in rhythmischem Wechsel Eingang finden. Vielleicht ist es nötig, etwas an deiner Lebensführung zu ändern, indem du z.B. ab und zu Pause machst und in der Pause in die Konzentration gehst. Viele Menschen machen schon Pausen, aber sie gehen dann eben nicht in die Konzentration, sondern reden mit anderen, was ja auch wichtig, aber eben wieder expansiv ist. Oder sie erledigen Privates, was ebenfalls wieder expansiv ist.*
*Beobachte auch kritisch, ob die Abwechslung in deinem Leben darin besteht, dass du lediglich andere Formen des expansiven Lebensstils wählst. Wenn dem so ist, sorge dafür, dass auch die Konzentration Platz bekommt.*
*Konzentration bedeutet: In sich gehen, abschalten, in die Ruhe kommen.*

## Karte 7.7 Kronen-Chakra

### »Ich verbinde mich mit der höheren Macht.«

Den Glauben an eine höhere Macht nennen wir Spiritualität. Sie beinhaltet die Überzeugung, dass bei so etwas Wunderbarem wie dem Leben eine höhere Macht die Hände im Spiel haben muss und dass wir in der Verbindung mit dieser höheren göttlichen Macht inneren Frieden und Heilung erfahren können. Über das Kronen-Chakra kann ich diese Verbindung herstellen, indem ich offen für den Energie- und Informationsfluss zwischen dem Universum und mir bin.

Alles was du bisher über die Chakren gelesen und über die Übungen erfahren hast, führt letztlich in der Gesamtheit auf den spirituellen Weg: Vertrauen (Wurzel-Chakra), Loslassen (Sacral-Chakra), Mut (Solarplexus-Chakra), Liebe und Dankbarkeit (Herz-Chakra), Offenheit und Respekt (Hals-Chakra), Öffnung des Geistes (Stirn-Chakra) und Verbundenheit (Kronen-Chakra).

***Eine Übung dazu*** *Gehe in einer Meditation durch alle Chakren hindurch, angefangen beim Wurzel-Chakra bis hinauf zum Kronen-Chakra. Oben angekommen, musst du den Kreis wieder schließen, indem du deine Aufmerksamkeit langsam an deiner Wirbelsäule entlang runterrinnen lässt, bis du beim Steißbein und dem Wurzel-Chakra wieder angekommen bist.*
*Bei jedem Chakra kannst du dir den oben genannten Aspekt der Spiritualität in Erinnerung rufen:*

- *Wurzel-Chakra: Vertrauen*
- *Sacral-Chakra: Loslassen*
- *Solarplexus-Chakra: Mut*
- *Herz-Chakra: Liebe und Dankbarkeit*
- *Hals-Chakra: Offenheit und Respekt*
- *Stirn-Chakra: Öffnung des Geistes*
- *Kronen-Chakra: Verbundenheit*

# Richtig meditieren

Verschiedentlich wirst du durch die Karten zu meditativen Übungen eingeladen. Deshalb findest du hier einige grundlegende Tipps zum Meditieren:

- Am besten meditierst du morgens bei Sonnenaufgang, damit der Tag einen guten Start nimmt.
- Schenke dir 10 Minuten für die Meditation.
- Im Sitzen bleibt der Geist wach und klar. Deshalb empfehle ich, beim Meditieren zu sitzen. Beim Liegen wird der Geist schnell einmal trüb und träg. Das ist nicht der Sinn einer Meditation.
- Je häufiger du eine Meditation wiederholst, desto stärker ist die Wirkung einer Erkenntnis.
- Nimm ein mindestens 15 cm hohes Kissen als Unterlage, denn am Boden meditiert es sich am wirkungsvollsten. Wenn das nicht geht, ist auch aufrechtes Sitzen auf einem Schemel mit beiden Füßen auf dem Boden sinnvoll.
- Atme durch die Nase ein und aus. Beobachte, um gut in die Meditation zu kommen, deinen Atem, wie er durch die Nase ein- und ausströmt und dabei die Nase kühl und warm wird.

- Achte darauf, dass du in den unteren Bauch atmest, sodass sich dieser wölbt und beim Ausatmen wieder abflacht. Atme länger aus als ein.
- Richte nun deine Aufmerksamkeit auf das Thema der Übung aus der Karte oder aus dem Booklet. Beim meditativen »Betrachten« einer Thematik können Erkenntnisse entstehen, die beim bloßen Darübernachdenken nicht kämen.
- Lasse die Erkenntnis während der weiteren Meditation auf dich wirken, denn so vertiefst du sie, bis sie zu einem wirksamen Teil von dir geworden ist.
- Die Meditation beendest du, indem du dich wieder für ein paar Atemzüge auf deine Nase konzentrierst und spürst, wie sie beim Einatmen kühl, beim Ausatmen warm wird. Nachdem du ganz ausgeatmet hast, bevor du wieder einatmest, öffnest du deine Augen und begrüßt die Welt.